Nominiert! Und nun?
Das kleine Buch zum Großen Preis des Mittelstandes

Christian Kalkbrenner

Christian Kalkbrenner
Nominiert! Und nun?
Das kleine Buch zum Großen Preis des Mittelstandes
2. überarbeitete Auflage 2019
Copyright © 2019

Bestellnummer
ISBN 9783748158004

Herausgeber
KALKBRENNER Strategie-Supervision
Gstäudweg 72
D-88131 Lindau (B)
Tel.: +49 8382 409301
E-Mail: info@ub-kalkbrenner.de
www.ub-kalkbrenner.de

Bildnachweise
Coverbild: fotokalle/fotolia.com
Preisträgerstatue: Oskar-Patzelt-Stiftung
Porträt Christian Kalkbrenner: Susi Donner

Herstellung und Verlag
BoD-Books on Demand, Norderstedt © 2019
Alle Rechte vorbehalten. Vervielfältigung, auch auszugsweise, nur mit schriftlicher Genehmigung des Verlags.

Inhaltsübersicht

Vorwort	7
1. Zur Einstimmung	9
1.1 Der Blick hinter die Kulissen	10
1.2 Das Ziel dieses Buches	12
1.3 Spieglein, Spieglein an der Wand	13
1.4 Kennzeichen der nominierten Unternehmen	14
1.5 Was bringt der Wettbewerb	17
2. Benchmarking auf höchstem Niveau	19
2.1 Das Benchmarking	20
2.2 Die fünf Bereiche der Reflexion	23
2.3 Der Vergleich	33
2.4 Von der Überlegung zur Nominierung	44
2.5 Die verschiedenen Phasen	46
3. Das richtige Promoten und Netzwerken	53
3.1 Inhalte und Timing der wichtigsten Vermarktungsschritte	55
3.2 Kontaktmanagement par excellence	63
3.3 Der Kontext macht es	65
3.4 Wie Sie auf andere aufmerksam werden	66
3.5 Wie andere auf Sie aufmerksam werden	68
4. Nach dem Wettbewerb ist vor dem Wettbewerb	71
4.1 Die Auszeichnungspyramide	73
4.2 Die Unternehmensauszeichnungen	74
4.3 Die Pyramide der Sonderpreise	76
5. Arbeitshilfen	79
5.1 Was die Juroren interessiert	80
5.2 Benchmarking-Checkliste mit 199 + 1 Impulsen	83
5.3 Häufige Fragen	112
5.4 Glossar	115
5.5 Wichtige Websites	1119
Über den Autor	121
In eigener Sache	123
Weitere Bücher des Autors	125
Weiterführende Literatur	126

Widmung

Dieses Buch widme ich den beiden Vorständen der Oskar-Patzelt-Stiftung *Petra Tröger* und *Dr. Helfried Schmidt* für ihr unermüdliches und mit viel Herzblut angereichertes Engagement, den über 200 ehrenamtlichen Mitstreitern und ebenso allen Unternehmen, die sich durch den „Großen Preis des Mittelstandes" anspornen und inspirieren lassen und auf diese Weise zur Wohlstandsmehrung von uns allen beitragen.

*Nichts auf der Welt ist so mächtig,
wie eine Idee, deren Zeit gekommen ist.*
Viktor Hugo

Vorwort

„Wir bitten nach vorne ...". Vier einfache Worte, die einem Ritterschlag gleichkommen. Die aus einem nominierten Unternehmen einen Preisträger machen. Einen Preisträger aus dem Netzwerk der Besten.

Ein Netzwerk, das den Gedankenaustausch, die Kooperation und Geschäftsbeziehung mit Menschen ermöglicht, deren Unternehmen ebenfalls zu den besten des deutschen Mittelstandes zählen.

Es sind diese vier Worte, mit denen ein nominiertes Unternehmen über den roten Teppich auf die Bühne gerufen wird in einer der Auszeichnungsgalas, in denen der „Große Preis des Mittelstandes" verliehen wird.

5.000 von 3.600.000

Die Besten. Über 3,6 Millionen Unternehmen gibt es in Deutschland. Nur gut ein Promille von ihnen wird jährlich für geeignet befunden, für die Auszeichnung „Großer Preis des Mittelstandes" nominiert zu werden. Von diesen rund 5.000 Unternehmen erreichen nur 700 die Endrunde. Und aus diesem Kreis werden dann jährlich ca. 100 Unternehmen und Personen mit dem „Großen Preis des Mittelstandes" ausgezeichnet.

Die Nominierung ist der Schlüssel

Zur Elite des Deutschen Mittelstandes dürfen sich daher nicht nur die Preisträger zählen. Auch die Nominierung ist bereits eine hohe Auszeichnung für die ausgewählten Unternehmen. Sie ist der Schlüssel zum Netzwerk der Besten.

Der Weg lohnt sich

In diesem Buch erfahren Sie, warum sich dieser Weg lohnt, welchen Nutzen Sie davon haben und wie Sie es am geschicktesten anstellen, um das Potenzial von Deutschlands wichtigstem Wirtschaftspreis (isw 2011) voll auszunutzen.

Ein offenes Wort

Um Missverständnisse von vorneherein zu vermeiden: als Autor bin ich parteiisch, denn ich halte den Wettbewerb „Großer Preis des Mittelstandes" und die dahinter stehende Initiative für eine großartige Einrichtung. Und ich möchte dazu beitragen, dass möglichst viele Unternehmen in den Genuss der Chancen kommen, die diese einmalige Einrichtung bietet.

Nominiert! Und nun?

Die Fragestellungen zum Großen Preis des Mittelstandes wurden 2016 verkürzt. Dies erforderte eine Überarbeitung der 2014 erschienenen 1. Auflage „Nominiert! Und nun?".

Nun wünsche ich Ihnen viele gute Anregungen mit dem vorliegenden Büchlein
Ihr

Christian Kalkbrenner
ck@ub-kalkbrenner.de

P.S.: Vernetzen Sie sich mit mir auf LinkedIn und Xing. Dann bleiben wir up to date.

1. Zur Einstimmung

1.1 Der Blick hinter die Kulissen

Die Auszeichnung „Großer Preis des Mittelstandes" wird seit 1994 an besonders erfolgreiche mittelständische Unternehmen vergeben. Bundesweit. Die Oskar-Patzelt-Stiftung, mit Sitz in Leipzig in der Rechtsform einer privatrechtlichen Stiftung, ist gemeinsam mit Kammern, Verbänden, Städten und Gemeinden der Träger des Wettbewerbes „Großer Preis des Mittelstandes".

Über 200 Mitstreiter, Persönlichkeiten aus der Wirtschaft, der Verwaltung und der Politik, arbeiten ehrenamtlich mit und tragen zum Gelingen des großen Projektes bei. Sie engagieren sich in einer der zwölf Jurys, in einer der ca. 50 regionalen Servicestellen, die bundesweit verteilt sind, oder in einer der Funktionen als Beirat, Präsidiums-, Kuratoriumsmitglied, Vorstand oder Botschafter des Wettbewerbs.

Zweimal, 2008 und 2016 wurde die Stiftung mit dem Bundesverdienstkreuz ausgezeichnet, namentlich Dr. Helfried Schmidt und Petra Tröger. Der Wettbewerb gilt als begehrtester und wichtigster unter den über 500 deutschen Wirtschaftspreisen, laut einer Einschätzung „Der Welt" aus dem Jahr 2009 und einer breit angelegten „isw"-Benchmarkstudie aus dem Jahre 2011.

Mittlerweile umfasst das Netzwerk der Besten, zu dem alle Unternehmen gehören, die im Lauf der Jahre nominiert wurden, einen Kreis von mehreren Zehntausend Unternehmen.

Längst ist der „Große Preis des Mittelstandes" mehr als eine Auszeichnung. Viele Unternehmen haben in ihm ein vorzügliches Unternehmensführungsinstrument erkannt, das sie regelmäßig nutzen.

Und viele schätzen den Zugang zu den Nominierten und Preisträgern, um sich mit Gleichgesinnten auszutauschen und, wo immer möglich, auch Geschäftsbeziehungen zu initiieren.

Abbildung 1: Die Skulptur für die Preisträger

Wer hier nominiert wurde, hat allein durch diese Auswahl bereits eine Auszeichnung 1. Güte erfahren.
Barbara Stamm

1.2 Das Ziel dieses Buches

Das Buch will Sie und Ihr Unternehmen dazu ermuntern, einerseits in den Wettbewerbs-Spiegel zu schauen, um noch fitter zu werden, andererseits die Nominierung zum „Großen Preis des Mittelstandes" zu nutzen, um Zugang zu diesem einzigartigen Netzwerk der Besten zu erlangen. Dabei möchte es aufzeigen, worauf es ankommt, aber auch helfen, die mit der Nominierung verbundenen Meriten geschickt für die eigene Vermarktung zu nutzen.

Denn als nominiertes Unternehmen sind Sie und Ihr Unternehmen etwas ganz Besonderes:

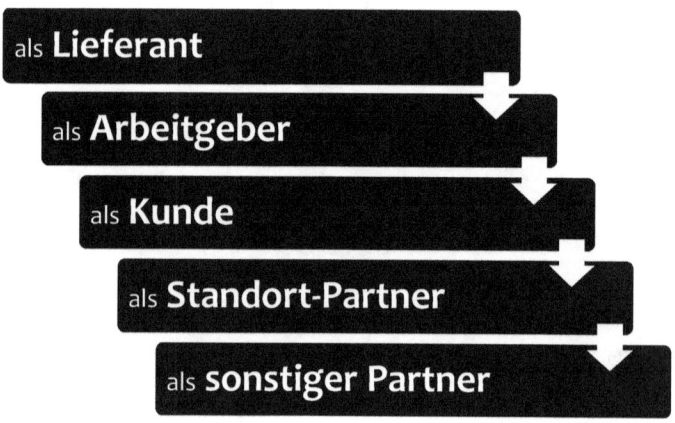

Abbildung 2: Der Nutzen für das Unternehmen in seinen diversen Rollen

Aus dem Blickwinkel dieser fünf Rollen nehmen Sie durch die Auszeichnung als nominiertes Unternehmen oder gar als Preisträger einen anderen, noch begehrenswerteren und durchaus auch noch respektableren Stellenwert ein.

Dem Autor ist kein vergleichbarer Weg bekannt, wie Unternehmen dieses Ziel auf direkterem und authentischerem Weg erreichen können. Daher ist der Wettbewerb „Großer Preis des Mittelstandes" als ungeschliffener Diamant zu verstehen, der erst durch die richtige Nutzung im Unternehmen seinen wahren Glanz entfaltet.

→ *Tipp 1: Die Benchmarking-Checkliste ab S. 83 stellt Ihnen vielerlei Fragen, auf die Sie unternehmerische Antworten finden sollten, um Ihre Chancen auf den Preis zu erhöhen.*

1.3 Spieglein Spieglein an der Wand

Vielen Unternehmern sind die gängigen Mittel zur Unternehmenssteuerung, ob sie aus dem Vertrieb, aus dem internen Rechnungswesen oder auch vom Steuerberater kommen, nützlich und doch zu begrenzt. Diese Instrumente sind ihnen zu eindimensional und schauen zu wenig über den eigenen Tellerrand hinaus. In ihren Augen beinhalten sie daher die Gefahr der Nabelschau bis hin zur Selbstzufriedenheit.

Diese Unternehmer haben mit dem Wettbewerb „Großer Preis des Mittelstandes" ein zusätzliches Führungsinstrument für sich entdeckt. Ein Managementtool, das ihr Unternehmen stark fordert, und andererseits, bei erfolgreicher Anwendung, die Sicherheit gibt, dass sich das Unternehmen richtig bewegt. Dass es an den Stellschrauben dreht, die nicht nur den überdurchschnittlichen Erfolg ausmachen, sondern vor allem auch die Nachhaltigkeit sichern.

Die Bestätigung, im Wettbewerb mit Unternehmen der eigenen Branche, aber auch aus anderen Branchen, gut und sehr gut mithalten zu können, ist für viele Unternehmer als Unternehmensführungsinstrument den klassischen Kennzahlen wie dem Betriebsergebnis vor Steuern ebenbürtig. Und so wächst die Zahl der Unternehmen, die den Wettbewerb „Großer Preis des Mittelstandes" mit seinen fünf verschiedenen Wettbewerbskriterien (siehe S. 23) als Benchmarking-Instrument der Spitzenklasse für sich nutzen.

> **Bemerkenswert**
>
> In einer Untersuchung der Kennzeichen besonders erfolgreicher und über fünf Jahre hinweg rascher als die Branche wachsender Unternehmen waren von 22 untersuchten Unternehmen über die Hälfte Preisträger beim Wettbewerb „Großer Preis des Mittelstandes" bzw. für den Preis nominiert. (Alter/Kalkbrenner, Die Wachstums-Champions 2010).

1.4 Kennzeichen der nominierten Unternehmen

Vergleicht man die Lenker der nominierten Unternehmen etwas genauer, stellt sich interessanterweise ein hohes Maß an übereinstimmenden Eigenschaften heraus, die sie von den meisten, nicht am Wettbewerb teilnehmenden Unternehmen unterscheiden.

→ **Unternehmer suchen einen Spiegel**

Jedes Unternehmen hat ein Bild, ein Gesicht. Der Blick in den Spiegel mag überraschen, doch wer hineinschaut, weiß, ob und wo er was ändern muss. Er kann auf diese Weise Selbst- und Fremdbild besser in Übereinklang bringen und ist damit anderen Unternehmen einen großen Schritt voraus.

Zur Einstimmung

→ **Unternehmer nutzen Preis-Wettbewerbe als Fitness-Programm**
Mittlerweile suchen sich Unternehmen anspruchsvolle Wettbewerbe gezielt heraus. Wettbewerbe, bei denen die Unternehmen auch möglichst vielseitig auf „Herz und Nieren" geprüft werden.

→ **Vorbereitung wie beim Marathon**
Manche Unternehmen bereiten sich zum Teil zwei bis drei Jahre darauf vor, um den Wettbewerb möglichst im ersten Anlauf auch zu gewinnen.

→ **Neue Saiten aufziehen**
Sie wählen den Wettbewerb danach aus, ob er neue Chancen für das Unternehmen bietet: sich anders zu vermarkten, Zugang zu interessanten Netzwerken zu bekommen.

→ **Sieger mögen Sieger**
Die Unternehmer, die sich einem Wettbewerb stellen, haben eine weitere große Gemeinsamkeit: es sind selbstbewusste Siegertypen. Sie wissen, dass sie gut sind und dass sie trotzdem jeden Tag noch besser werden können. Diese Mischung aus „In-sich-ruhen" und „Weitere-Herausforderungen-suchen" gibt ihnen eine bestimmte Aura. Man könnte sie platt mit dem bekannten Spruch *„Erfolg macht sexy"* beschreiben.

Es ist diese starke Ausstrahlung, dieses Lächeln der Sieger, das nicht nur gut fürs Geschäft ist, sondern sie zu gern gesehenen Geschäftspartnern macht. - Das Netzwerk der Besten steckt voller Siegertypen.

→ **Change Management mit Esprit**

„Lasst uns nächstes Jahr den Preis holen!" ist eine mitreißende Ansage im Unternehmen, mit der sich Veränderungen viel leichter umsetzen lassen als mit langatmigen Erklärungen. Nicht wenige der nominierten Unternehmer nutzen diesen Hebel erfolgreich, um so Veränderungen getragener, mit weniger Widerstand, schneller, leichter und letzten Endes rentabler umzusetzen. – Denn welcher Mitarbeiter wird das Ziel, den Preis zu holen, nicht gerne unterstützen?

→ **Messen mit den Besten**

Der Preis-Wettbewerb ist ein Vergleich auf höchstem Niveau. Denn es vergleichen sich die besten Unternehmen aus zahlreichen Branchen und aus allen Regionen Deutschlands. Somit hat jedes nominierte Unternehmen einen Vergleich mit den besten Unternehmen aus seiner Umgebung, aber auch aus den anderen Regionen.

Darüber hinaus kann es sich auch mit Unternehmen vergleichen, die bereits mehrere Male Preisträger waren, um festzustellen, was wiederum diese auszeichnet.

Exakt diesen Vergleich mit den Besten suchen diese Unternehmer – wohlwissend, dass der Wettbewerb „Großer Preis des Mittelstandes" hierzu die geeignete Plattform bietet.

Das Leben macht verdammt viel mehr Spaß, wenn man ja anstatt nein sagt.
Richard Branson

1.5 Was bringt der Wettbewerb?

Nominierte Unternehmen werden anders wahrgenommen. Sie werden als aktiv, erfolgreich und zukunftsorientiert eingestuft und sammeln so Sympathiepunkte in der Öffentlichkeit.

Es ist ein Verdienst der Oskar-Patzelt-Stiftung, dass sie den Wettbewerb so organisiert hat, dass dafür weder aufwendige Prozeduren über verschiedene Arbeitsgruppen noch üppige Budgettöpfe seitens der nominierten Unternehmen nötig sind. Denn außer dem zeitlichen Aufwand beim Ausfüllen der Nominierungsunterlagen fallen keine Kosten an.

So ist es nicht verwunderlich, dass bundesweit Städte, Gemeinden, Verbände und Kammern, Kreditinstitute und Dienstleister von der Möglichkeit, Dritte zu nominieren, regen Gebrauch machen. Sie rühren auf diese Weise bewusst für ihre Region die Werbetrommel und auch ihnen entstehen keine Kosten. Wohlwissend, dass die nominierten Unternehmen auf ihren Kommunikationsplattformen wiederum die Region nach außen präsentieren.

Aufgrund der Rückmeldungen vieler nominierter Unternehmen lassen sich die Vorteile des Wettbewerbs sehr klar auf den Punkt bringen:

- ✓ Verbesserte Unternehmensführung
- ✓ Neue Geschäftskontakte
- ✓ Mehr Beachtung in der Öffentlichkeit

Nicht ganz zu verleugnen ist auch der Stolz, den sowohl die Mitarbeiter eines Unternehmens als auch deren

Angehörige empfinden, wenn sie erfahren, dass „ihr" Unternehmen nominiert wurde.

Das Rating

Im Wettbewerb werden anhand von fünf unterschiedlichen Kriterien etwa 50 verschiedene Bereiche erfasst. Als einheitliche Bewertungsgrundlage nutzt die Jury eine ABC-Einteilung. Um Zwischenstufen besser zu nuancieren, bedient sie sich eines „+" oder „-". Daraus ermitteln die Juroren über die drei Buchstaben A B C das Ratingergebnis. Und so erhält ein Unternehmen beispielsweise ein Rating von A+ B B+ C A. Wobei A+ die Bestnote darstellt.

Ein A, B oder C bezieht sich nicht nur auf das Unternehmen alleine, sondern auch auf den Vergleich zu den anderen Wettbewerbsteilnehmern. Somit kann das Unternehmen aus einem Buchstaben immer zweierlei abschätzen: zum einen, wo es in den einzelnen Kriterien für sich genommen steht. Zum anderen – und das ist eine weitere Besonderheit dieses Wettbewerbs –, wo es im Vergleich zu den anderen Unternehmen steht.

So kann das Unternehmen davon ausgehen, dass es bei einer C-Einschätzung deutlich schlechter abschneidet als der Durchschnitt bzw. mit einem A+ zu den tonangebenden Unternehmen zählt, da die Jury das gesamte Teilnehmerfeld im Blick hat.

Auf diese Weise erkennt das Unternehmen, dass eine für sich angenommene Stärke beispielsweise gar keine ist, weil die anderen Unternehmen hier aktuell deutlich weiter sind. – Ein Rückschluss, der das Rating extrem wertvoll als Steuerungsinstrument macht. Denn diese Information gibt es sonst nicht.

2. Benchmarking auf höchstem Niveau

2.1 Das Benchmarking

Wem der klassische Betriebsvergleich nicht mehr reicht, der nutzt Benchmarking, um mehr über die Methoden und Systeme zu erfahren, die andere Unternehmen erfolgreich machen. Aus der gleichen Branche oder aus anderen Branchen. Und wer sich hierzu mit den Besten der Besten messen will, ist beim Rating der Oskar-Patzelt-Stiftung gut aufgehoben.

Die Vielfalt der Könner aus unterschiedlichen Branchen

Ob Logistikunternehmen, IT-Systemhaus, Hotel, Hightech-Schmiede, Fischhändler, Krankenhaus, Bank oder Werbeagentur, um nur eine kleine Bandbreite aufzuzählen, die Vielfalt der nominierten Unternehmen ist nicht nur beeindruckend, sondern weckt auch das Interesse und den Ehrgeiz. *„Was macht jetzt diesen Fischhändler so besonders, dass der den Preis bekommen hat?"* – Und bald merken Sie im Gespräch mit ihm, dass er vielleicht ähnlich denkt und handelt wie Sie. Allein das von einem Branchenfremden zu erfahren, tut gut. Einfach zu merken, dass andere genauso unterwegs sind wie Sie.

Denn wie oft erleben sich Unternehmer – letzten Endes – unsicher: gegen den Strom schwimmend, Sicherheit vermittelnd, trotz einiger Zweifel. Denn kein Unternehmer weiß, ob seine Vision, sein Tempo, seine Art das Unternehmen zu führen schon der Weisheit letzter Schluss ist. Oder ob und vor allem wie es noch pointierter, effizienter, konsequenter, müheloser, zielorientierter ginge. – Da leisten die Anregungen und Bestätigungen aus anderen Branchen wertvolle Dienste. Vielleicht erfahren Sie auch, an welchen Punkten er einen Schritt weiter gegangen ist als Sie, dann können Sie diese Punkte überdenken und eventuell für Ihr Unternehmen nutzen.

Benchmarking auf höchstem Niveau

Ohne Fleiß kein Preis

Das Ausfüllen der Nominierungsunterlagen ist beim Wettbewerb „Großer Preis des Mittelstandes" aufwendig. Es geht inhaltlich in die Tiefe und ist zeitintensiv.

Ernsthaft betrieben sollten hier zwei bis drei Tage Arbeit investiert werden. Allerdings ist dieser Aufwand nur beim ersten Mal so groß. Bei den darauffolgenden Nominierungen ist es „nur" noch das Fortschreiben und Überarbeiten. Doch gewissenhaft ausgefüllt, dauert es auch dann noch einen halben bis ganzen Tag.

Der Appetit kommt beim Essen

Wer sich nicht an diese Aufgabe heranmacht, wird nie erkennen, was sie bedeutet. Daher gilt die Absatzüberschrift in abgewandelter Form auch hier. Sie können das Rating alleine oder im Team beantworten.

→ *Tipp 2: Machen Sie es im Team*

Wann gönnen Sie sich schon die Zeit, mal in Ruhe zu mehreren darüber nachzudenken, was tatsächlich Ihr Unternehmen ausmacht? Was hat Sie so gut werden lassen, wie Sie heute sind? Mit welchen Hürden schlagen Sie sich letzten Endes doch immer wieder erfolgreich herum. Wo können Sie gut mithalten, wo mittelprächtig und wo eher nicht?

Sie und Ihr Team erkennen plötzlich, dass das, was Sie als selbstverständlich ansehen, etwas Besonderes ist.

Dieses intensive gemeinsame Reflektieren, Diskutieren und Optimieren, das weit über das normale Tagesgeschäft hinausgeht, ist eine der ganz großen Stärken des Nominierungsprozesses. Wo es nicht reicht, eine kurze Zusammenfassung und ein paar Zahlen abzuliefern, sondern wo das Unternehmen auf Herz und Nieren aus fünf verschiedenen Perspektiven beleuchtet wird. Wo die Entwicklung der Eigenkapitalquote, die Kooperationen mit Schulen für Praktikumsplätze sowie das Marketing- und Innovationsbudget erstmals genauso interessieren wie das soziale Engagement in der Region.

Sobald Sie sich mit diesem Thema genauer beschäftigen, riechen Sie „Lunte". Sie entwickeln ein Gespür, wo Sie bereits gut sind. Aber auch, wo sie besser werden können. Es kommt zu Überlegungen wie: *„Risikomanagement, na ja. Machen wir in Maßen, aber nicht übertrieben. Warum eigentlich nicht mehr? Wäre ja einfach, nur machen müsste man es."*

Die Menschen wollen spüren, dass ihr Unternehmen für etwas Wichtiges steht. Sie möchten gerne glauben, dass das, was sie jede Woche fast vierzig Stunden lang tun, einen Unterschied ausmacht, etwas bewirkt.
Robert Waterman

2.2 Die fünf Bereiche der Reflexion

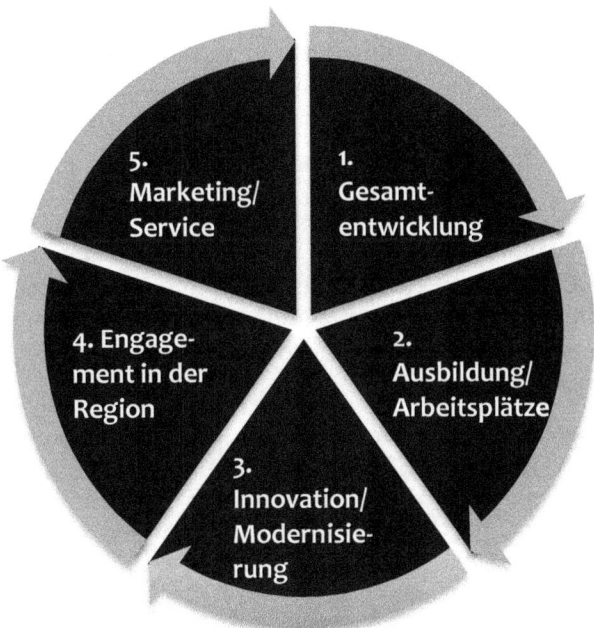

Abbildung 3: Die fünf Wettbewerbskriterien

Der Erfolg eines Unternehmens zeigt sich nicht nur an den nackten Zahlen. Er zeigt sich ganzheitlich. Und genau dieser Tatsache trägt das Rating des Wettbewerbes „Großer Preis des Mittelstandes" Rechnung. Denn es erfasst das Unternehmen in seinem gesellschaftlichen Engagement genauso wie in seiner Kundennähe, in der Qualifizierung von Auszubildenden und Praktikanten sowie in der Höhe der Investitionsquote.

Dieser ganzheitliche Rating-Aspekt ist sowohl die größte Hürde als auch das qualitative Selektionskriterium beim Wettbewerb. Wer nicht in allen fünf Bereichen etwas Positives zu berichten weiß, bleibt hängen. Er schafft es nicht in die sogenannte Juryliste, aus der dann die späteren Preisträger ermittelt werden. Und dabei blickt die Jury nicht nur auf das zurückliegende Jahr, sondern teilweise bis zu fünf Jahre zurück.

Ego-Shooter mit einseitigem Fokus auf Wachstum und Gewinn, die keine Praktikantenplätze anbieten und sich in ihrer Heimatregion nicht engagieren, haben es daher schwer, zu den Preisträgern zu zählen, weil sie ihrer gesellschaftlichen Verantwortung zu wenig Rechnung tragen.

Bemerkenswert

Die Fülle an Preisträgern, die sich im Lauf der letzten Jahre nicht nur unternehmerisch auffallend positiv weiterentwickelt haben, sondern auch mit weiteren Preisen ausgezeichnet wurden, zeigt, dass das Rating valide ist. Es misst, was es messen soll. Und wer darin gut bis sehr gut ist, kann davon ausgehen, dass er, wenn er auf diesem Pfad wandelt, auch weiterhin erfolgreich sein wird.

Auch, wenn Sie subjektiv meinen, mit Ihren Aktivitäten nicht überdurchschnittlich zu sein: finden Sie es heraus! Suchen Sie den Vergleich und stellen Sie fest, ob und wie weit es gefehlt hat. Alle Unternehmen, die die Juryliste erreicht haben, erhalten im Lauf des Monats November das Ratingergebnis der Jury. Und dann wissen Sie, wo Sie aus einem B ein A oder aus einem C ein B machen können.

→ *Tipp 3: Jetzt nicht ins Bockshorn jagen lassen.*

Die Jury und das Rating-ABC

Die Jury setzt sich aus ca. 100 Personen zusammen, die sich regional auf die zwölf Wettbewerbsregionen aufteilen. Sie entscheidet, wer in ihrer Region die Jurystufe erreicht. In der Jurystufe finden sich die Unternehmen wieder, die alle fünf Wettbewerbskriterien erfüllen. Aus diesen Unternehmen wählen die Juroren dann die endgültigen späteren Preisträger aus.

Zur besseren Vergleichbarkeit bedient sich die Jury, wie schon auf Seite 18 aufgeführt, einer ABC-Einteilung.

> **Bemerkenswert**
>
> *Die Prozesse, die dem Wettbewerb „Großer Preis des Mittelstandes" zugrunde liegen, laufen nach DIN EN ISO 9001:2008 ab. Das Qualitätsmanagement-System ist eine weitere Alleinstellung dieses Wettbewerbs.*

Bereich 1: Die Gesamtentwicklung des Unternehmens

Woher kommen wir? Was hat uns stark gemacht? Was waren wichtige und richtige Weichenstellungen? Welche Widrigkeiten und Hürden konnten wir meistern? Was zeichnet uns aus und was ist unsere Alleinstellung?

Es sind Fragen wie diese, die den besonderen Reiz des Wettbewerbs „Großer Preis des Mittelstandes" ausmachen. Zum einen, weil sie zunächst einmal zum Reflektieren zwingen. Zum anderen, weil der Blick ins Unternehmen etwas über den Charakter des Unternehmens aussagt und damit zeigt, wie Unternehmensleitung und Mitarbeiter ticken. Denn – Hand aufs Herz – wären die Antworten Ihres Führungsteams und die der Mitarbeiter auf die obigen Fragen gleichlautend? Und wäre es nicht hilfreicher, wenn es alle gleich sehen und beurteilen würden?

Den meisten Nominierten geht es so oder so ähnlich. Doch indem Sie sich durch diese Fragen erfolgreich durcharbeiten, schaffen Sie viel Klarheit fürs eigene Unternehmen. Und zusätzlich erzeugen Sie daraus eine Mischung aus Stolz und Selbstbewusstsein.

Und natürlich interessieren an dieser Stelle auch die blanken Zahlen. Umsatz, Ertrag, Eigenkapitalquote, Investitionsquote & Co. Jetzt geht es ans Eingemachte, ein paar Jahre zurück und auch in die Planung voraus. So wird deutlich, wo die Reise hingeht.

Warum ist das wichtig und welche Rückschlüsse lassen sich daraus für die Jury ziehen? Zum einen erkennt die Jury daran, wie nachhaltig ein Unternehmen in seinem Kurs unterwegs ist. Sie kann so besser abschätzen, ob das Unternehmen selbstbewusst optimistisch in die Zukunft geht. Ob die Planungen auch durch eine entsprechende Investitionsquote und Alleinstellung untermauert sind. Und inwieweit beispielsweise die systematische Stärkung der Eigenkapitalquote die Abhängigkeit von Kreditgebern reduziert.

So lässt sich die Langfristigkeit und Durchdachtheit im Geschäftsmodell und in der Strategie erahnen.

Bereich 2: Schaffung und Sicherung von Arbeits- und Ausbildungsplätzen

Unternehmen, die sich positiv entwickeln, schaffen auch neue Arbeitsplätze. Sie gewinnen den eigenen Nachwuchs frühzeitig durch Kooperationen mit Schulen und Hochschulen. Entsprechend aktiv sind sie bei der Azubi-Qualifizierung, der Praktikanten- und Studenteneinbindung, aber auch bei den Personalentwicklungsmaßnahmen für alle anderen Mitarbeiter.

Auch bei diesem Kriterium spielen neben den harten Zahlen die weichen Faktoren eine besondere Rolle: Gibt es eine Unternehmenskultur? Wie erfolgt die Führung des Unternehmens? Welche personalpolitischen Instrumente nutzt das Unternehmen? Wie familienfreundlich ist das Unternehmen? Und wie fördert es die Mitarbeiterbegeisterung?

➔ *Tipp 4: Perfektionieren und optimieren – nie resignieren.*

Dieser Fragenkomplex bereitet einem Unternehmen, das mit diesen Themen arbeitet und vertraut ist, weniger Mühe als einem Unternehmen, das nur Teile davon anwendet. Doch für beide hat es einen tieferen Sinn: das eine perfektioniert und das andere optimiert. Und so kommen beide durch die Hilfestellung dieser Fragen wieder einen Schritt weiter. Beide erkennen, an welchen Schrauben sie hierzu noch weiter drehen müssen.

Investition in Wissen bringt die höchsten Zinsen.
Benjamin Franklin

Bereich 3:
Innovation und Modernisierung

Die Kraft zur Innovation ist eine zentrale Säule für den nachhaltigen Unternehmenserfolg. Neue Problemlösungen in Form neuer Produkte oder neuer Dienstleistungen halten das Unternehmen jung und bieten den Kunden neue Anreize, mit dem Unternehmen ins Geschäft zu kommen oder im Geschäft zu bleiben. Doch der Hang zur Innovation ist auch eine Geisteshaltung: er zeigt sich nicht nur nach außen hin zum Kunden, sondern auch nach innen, an der Überarbeitung und Ausgestaltung der Prozesse und Abläufe. Ersichtlich wird er auch am Alter des Anlagevermögens und der Ersatz-, Rationalisierungs- und Erweiterungsinvestitionen.

Wie stellt sich das Unternehmen dem für ihn relevanten Wandel? Treibt es diesen eventuell selbst an?

Über welche Marken und Patente verfügt das Unternehmen? Und wer meint, dass das nur produzierende Unternehmen betrifft, der irrt. Ob Hotellerie, IT-Dienstleister, Handwerker oder Ingenieurbüro: die Liste der Unternehmen, die über schützenswerte Namen und Lösungen verfügen, wird immer länger.

→ *Tipp 5: Sie können Ihrer Problemlösung einen Namen geben, den Sie sich als Wort- oder Bildmarke schützen lassen können.*

Schließlich lässt sich über diesen Weg das eigene Know-how nicht nur als solches darstellen, sondern unter Alleinstellungsgesichtspunkten wesentlich besser vermarkten.

Übrigens zählen hierzu auch Zertifizierungen und Auszeichnungen.

Und ein anderer Aspekt spielt ebenfalls eine Rolle: die Kooperation mit anderen Einrichtungen, um den berühmten Schritt voraus zu sein. Das können Hochschulen, Unternehmen, Forschungslabore oder andere tonangebende und trendbildende Organisationen und Menschen sein.

Bereich 4:
Engagement in der Region

Vielen erfolgreichen mittelständischen Unternehmen ist es ein Anliegen, in ihrer Region – im Rahmen ihrer Möglichkeiten – Gutes zu tun. Das muss nicht gleich ein Kunstmuseum oder die Gründung eines Fußballvereins sein, die Freistellung der Mitarbeiter für die freiwillige Feuerwehr ist auch ein wertvoller Beitrag. Selbstverständlich stärken materielle Zuwendungen als Spender und Sponsor regionale Einrichtungen wie den Kindergarten oder den Sportverein. Doch genauso wichtig, wenn nicht sogar wichtiger, ist das ideelle, ehrenamtliche Engagement, ob bei der IHK oder einem Verband, um ein paar Beispiele zu nennen.

Die Bereiche Sport, Gesundheit und Kultur bieten zahlreiche Möglichkeiten, sich der Öffentlichkeit zu zeigen und Markenpolitik vor Ort zu betreiben. Nicht zu vergessen der Denkmal- und Naturschutz. Immer beliebter werden regelmäßig wiederkehrende Veranstaltungen wie ein Tag der offenen Tür, Feste oder Event-Veranstaltungen, die den Unternehmensnamen tragen.

Das Augenmerk beim Wettbewerb „Großer Preis des Mittelstandes" liegt auf der Verteilung zwischen materiellem und immateriellem Engagement. An ihm lässt sich nicht nur erkennen, wie ernst Unternehmen die regionale Verwurzelung nehmen, aus dem Zusammenspiel der einzelnen Bausteine ist auch ersichtlich, ob die Aktivitäten ineinandergreifen und Teil einer Strategie sind. Ob das Unternehmen in der Region mit seinen Aktivitäten Zeichen setzen und etwas bewegen möchte und wie planvoll es hierbei vorgeht.

Natürlich zählen hier auch die Aktivitäten und Kooperationen mit regionalen Bildungseinrichtungen wie Schulen, Berufsakademien und Hochschulen. Es zählt aber auch das Engagement als Unterrichtender oder in Prüfungsausschüssen. Regionale Wirtschaftskreisläufe leben von diesem wechselseitigen Austausch zwischen Unternehmen und Bevölkerung.

➜ *Tipp 6: 2 x Muss und 1 x Kann; so stärken Sie Ihre Region: mit einem regelmäßigen, einem ehrenamtlichen und einem Engagement, das Ihren Namen trägt.*

Die Zukunft gehört denen, die die Möglichkeiten erkennen, bevor sie offensichtlich werden.
Oskar Wilde

Bereich 5:
Service, Kundennähe und Marketing

Es sind die Kunden, die darüber entscheiden, ob das Angebot des Unternehmens auf Gegenliebe stößt oder nicht. Und was tun Unternehmen, um Kunden zu gewinnen, zu halten und zu begeistern? Wie greifen Servicegedanke, Kundennähe und Marketingmaßnahmen ineinander, um sich eindrucksvoll in Szene zu setzen und „den Stich zu machen"? Wie ausgeprägt und ausgeklügelt ist die Corporate Identity und wie durchgängig ist das Corporate Design? Was unternimmt das Unternehmen auf dem Weg zur Marke? Wie hoch ist das Marketing-Budget im Vergleich zum Umsatz?

Werden regionale, nationale oder internationale Messen besucht? Gibt es eine Marketing-Strategie und wie wird sie umgesetzt? Mit welchen Besonderheiten setzt sich das Unternehmen in Szene und vom Wettbewerb ab?

→ *Tipp 7: Auch hier gilt: nicht die Fülle ist entscheidend, sondern die Tiefe in der Umsetzung. Und ein pfiffiger Gedanke, konsequent umgesetzt, kann eine Batterie von Maßnahmen ersetzen.*

Und natürlich ist hier Platz für Ihre Aktionen im Social Web, Ihre App, Ihre Guerilla-Marketing-Aktion und Ihre erfolgreichen PR-Aktionen.

Fazit: Nun kennen Sie die fünf Kriterien mit ihren unterschiedlichen Ausprägungen, die Sie nicht nur als Indikator dafür nutzen können, wie erfolgreich und nachhaltig bereits heute Ihre Art der Unternehmensführung ist. Sie dienen auch als Leitplanke für das Rating Ihres Unternehmens.

Benchmarking-Kriterien	top-fit ☺	fit 😐	schwach ☹
Gesamtentwicklung			
Zahlen			
Wettbewerb & Alleinstellung			
Kooperationen			
Risikomanagement			
QMS			
Häufigkeit der Kreuzchen			
Arbeits- und Ausbildungsplätze			
Zahlen			
Personalpolitik			
Weiterbildung			
Mitarbeiterbegeisterung			
Führungskultur			
Häufigkeit der Kreuzchen			
Innovation & Modernisierung			
Zahlen			
Produkte & Prozesse			
Marken			
Technische Modernisierung			
Zertifizierung, Diplome, Inno.-Förderung			
Häufigkeit der Kreuzchen			
Engagement in der Region			
Schulische Bildung/ Erziehung			
Soziales und Gesundheit			
Sport, Kultur- und Volksfeste			
Nachhaltigkeit			
Ehrenamt			
Häufigkeit der Kreuzchen			
Service, Kundennähe und Marketing			
Budget			
Kommunikationskonzept/ Strategie			
Corporate Design			
Kundenservice/ Kundennähe			
Events/ Messen/ Medien			
Häufigkeit der Kreuzchen			

Abbildung 4: Ihr Schnelltest - Die fünf Benchmarking-Kriterien auf einen Blick

2.3 Der Vergleich

Im vorherigen Kapitel konnten Sie erfahren, auf welche Kriterien es ankommt, was ein nachhaltig erfolgreiches Unternehmen ausmacht und wie Sie erkennen, wo Ihr Unternehmen steht.

Nun beschäftigen wir uns damit, wie Sie die Erkenntnisse aus dem Rating für die Weiterentwicklung Ihres Unternehmens verwenden.

Das absolute Ratingergebnis
So manchem Unternehmer reicht der Blick auf den Kontoauszug. Daran sieht er, ob er liquide ist, ob die Gewinne stimmen und welche Ausgaben er sich leisten kann. Ein für die kurzfristige Unternehmenssteuerung sicher nützliches Instrument. Nachhaltigkeit sieht jedoch anders aus.

Wer für die nachhaltige Unternehmensführung das Rating des Wettbewerbs „Großer Preis des Mittelstandes" nutzt, sieht zunächst einmal seine eigenen Stärken und Schwächen. Er kann darauf vertrauen, dass die ermittelten Faktoren einen erheblichen Einfluss auf den Erfolg der Unternehmensführung haben.

Das heißt, wenn er an diesen Schrauben dreht, wirkt sich das mit hoher Wahrscheinlichkeit auf den Erfolg seines Unternehmens aus. Und mit Erfolg sind die Wettbewerbsfähigkeit, die Attraktivität und auch der wirtschaftliche Erfolg gemeint.

Aus einem A- ein +A oder aus einem C ein +B machen?

Die Jury stuft die Kriterien auf einer Skala von +A bis C ein, wie sie in Abbildung 5 dargestellt ist. Für Sie als Unternehmer stellt sich die Frage, worauf Sie Ihr Augenmerk legen sollten: die Stärken stärken oder die Schwächen schwächen?

Erfahrungsgemäß haben die meisten Unternehmen die größere Freude daran, die Stärken zu stärken. Das ist ihnen vertrauter und angenehmer. Die Schwächen werden mitgezogen und situativ behandelt.

Dieser Weg ist verständlich, doch bei näherer Betrachtung zumindest diskussionswürdig: Nehmen Sie Ihr Ratingergebnis und transformieren Sie es in Notenwerte. Aus diesen Noten bilden Sie einen Schnitt und das ist Ihre Unternehmensnote. Diese drückt die Performance-Note Ihres Unternehmens aus.

Ein Ratingwert von	+A	A	A-	+B	B	B-	C
entspricht dem Notenwert von	1	1,2	1,5	1,7	2	2,5	3
und ergibt im Mittel Ihre Unternehmensnote:							

Abbildung 5: Skala zur Transformation in Noten; (dient als Hilfsinstrument, denn streng wissenschaftlich darf eine Rangreihe nicht metrisch betrachtet werden.)

Doch wie wollen Sie diesen Durchschnitt verbessern, wenn Sie sich zu sehr auf die guten Noten konzentrieren? Daher ist meine Empfehlung, das gesamte Ratingergebnis zu betrachten und sich dann zu überlegen, was in Form von Maßnahmen und Projekten wie verbessert werden kann.

Benchmarking auf höchstem Niveau

Das relative Rating in der Branche

Im nächsten Schritt prüfen Sie, welche Unternehmen aus Ihrer Branche nominiert wurden. Sind Wettbewerber dabei und wenn ja, welche?

Dazu nutzen Sie am besten die Website des Wettbewerbs *www.mittelstandspreis.com*. Drei interessante Übersichten stehen Ihnen hier zur Verfügung:

→ Die **Nominierungsliste** mit den nominierten Unternehmen.
→ Die **Juryliste** mit den Unternehmen, die die Endstufe erreicht haben.
→ Die **Auszeichnungsliste** mit den Unternehmen, die mit einem Preis ausgezeichnet wurden.

Hierbei stehen Ihnen die Listen vom Vorjahr bereits komplett zur Verfügung. Die Listen im laufenden Wettbewerbsjahr kommen nach und nach.

Da die Listen sortiert sind, können Sie gezielt nach Ihren Mitbewerbern Ausschau halten und suchen, ob sie es auch in die Jury- oder sogar Auszeichnungsliste geschafft haben. Was Sie allerdings nicht sehen, ist deren Ratingergebnis. Dennoch können Sie sofort davon ausgehen, dass ein Wettbewerber, der auf der Juryliste und sogar auf der Auszeichnungsliste steht, „seine Hausaufgaben" gemacht hat und eine ernstzunehmende Größe darstellt.

Auch wenn Sie nicht genau wissen, wie er abgeschnitten hat, nutzen Sie die Benchmarking-Übersicht auf S. 32, um ihn aus Ihrer subjektiven Sicht zu ranken. Dann haben Sie sofort die Felder im Blick, wo er gleich stark, stärker oder möglicherweise schwächer ist. So wissen Sie sehr schnell, wo er und vor allem Sie angreifbar sind.

→ *Tipp 8: Schauen Sie sich dazu in Ruhe seinen Webauftritt und seine Presseveröffentlichungen an. Und nutzen Sie das offizielle Portal „www.bundesanzeiger.de", um etwas über seine wirtschaftliche Performance in Erfahrung zu bringen*

Inspiriert durch die sorgfältige Analyse Ihrer Mitbewerber können sie Ihren Aktivitätenplan nochmals überarbeiten. Stimmen die Ziele immer noch? Stimmen die Maßnahmen oder bedarf es noch anderer?

Sie merken es: so langsam kommt immer mehr Schwung auf und Sie erahnen, welches Potenzial der „Große Preis des Mittelstandes" für Unternehmen bietet, um sich gezielt fit zu machen. Und das Ganze – obwohl ich selbst zu dieser Zunft gehöre – ohne Unternehmensberater oder Verband und ohne auch nur einen Cent in die Hand zu nehmen.

Das relative Rating branchenübergreifend

Ein weiteres Highlight des Wettbewerbs „Großer Preis des Mittelstandes" besteht in seiner branchenübergreifenden Betrachtung. Das heißt, Sie finden in der Regel nicht nur interessante Unternehmen aus der eigenen Branche, sondern auch aus anderen, vielleicht sogar völlig artfremden Branchen. Wer erwartet schon einen Campingplatzbetreiber oder einen Landbäcker mit zehn Standorten neben der Privatbank, der Werbeagentur und dem Anlagenbauunternehmen als Preisträger auf der Bühne?

Doch von diesen Branchenfremden bei der Vorstellung ihres Unternehmens und auch im persönlichen Gespräch zu erfahren, wie sie im Wettbewerb kämpfen, wie sie Märkte erschließen, wie sie expandieren, wie sie

Benchmarking auf höchstem Niveau

Fachkräfte rekrutieren usw. ist eine besondere Qualität, die der „Große Preis des Mittelstandes" allen Nominierten bietet.

Drei Wege sind hierzu möglich:
Weg 1: Sie nutzen wieder die Website des Wettbewerbs, gehen auf die Auszeichnungsliste und schauen sich die Sie interessierenden Unternehmen genauer an.

Weg 2: Sie nutzen das PT-Magazin, das offizielle Magazin des Wettbewerbes „Großer Preis des Mittelstandes", um Preisträger näher kennenzulernen. Sei es, weil sie dort genauer beschrieben sind, sei es, weil sie in einer Anzeige Informationen über ihr Unternehmen vorstellen.

Weg 3: Das ist der Königsweg. Sie besuchen einen der Galabälle mit etwa 600 Gästen, auf dem die nominierten Unternehmen ausgezeichnet werden. Auf Seite 59 erfahren Sie, welcher Ball für Sie am besten passt.

An diesen Abenden – Sie sitzen an Tischen mit acht bis zehn Personen – sind sie mittendrin im Netzwerk der Besten. Sie lernen andere Unternehmerpersönlichkeiten kennen, kommen ins Gespräch und tauschen in der Regel auch Ihre Visitenkarten aus. In einem offenen, vertrauensvollen und sehr persönlichen Klima. Dafür sorgen die beiden Vorstände Petra Tröger und Dr. Helfried Schmidt, die mit ihrer Oskar-Patzelt-Stiftung hinter dem Wettbewerb stehen und die Ehrungen gemeinsam vornehmen.

In ihren Laudationen und auch den Kurzfilmen über die Preisträger werden in kurzer Zeit, sehr verdichtet, die wichtigsten Informationen zu jedem Unternehmen vorgestellt. Genug Konkretes, um mit dem einen oder anderen Preisträger noch an diesem Abend spielend ins

Gespräch zu kommen und sich ein wenig in dessen Unternehmensführungsgeheimnisse einweihen zu lassen. Aber auch, um sich als Kooperations- oder potenzieller Geschäftspartner vorzustellen.

Dieser Vergleich über die Branchen hinweg hat zwei positive Effekte: Sie nehmen für sich mit, dass auch in anderen Branchen „die Post abgeht" und wie intelligent und hart dort am Wind gesegelt wird. Und Sie spüren, dass es auch anderswo Menschen gibt, die die Segel ihres Unternehmens ebenso in den Wind stellen, wie Sie es tun.

Diese Bestätigung ist eine wohltuende Ermutigung und gibt zugleich neuen Elan. – Denn wann sind Sie schon im Kreise von Unternehmern, die letzten Endes für ihre Überzeugung und ihre erfolgreichen Konzepte geehrt werden? Ohne Neider, ohne Rechtfertiger und ohne Prahler.

Was hindert Sie, erfolgreiche Konzepte anderer Unternehmer zu übernehmen? In der Weiterbildung, in der Kundenbindung, im Controlling und so weiter. Zu hören, wie penibel ein Hotel jeden einzelnen Schritt des Gastes antizipiert und die Kontaktpunkte professionell handhabt, bietet auch für Hersteller und Dienstleister genügend Zündstoff, um über eine noch bessere Kundenbindung nachzudenken.

Im umgekehrten Fall kann sich der Hotelier beim „Time-to-Market" des Produktentwicklers neue Impulse holen. Wer hier bewusst mit offenen Augen suchend, fragend, nehmend, aber auch gebend unterwegs ist, wird sowohl die Galabälle als auch die anderen beiden Wege als äußerst fruchtbaren Nährboden wahrnehmen.

Benchmarking auf höchstem Niveau

→ **Tipp 9:** *Suchen Sie sich Vorbilder außerhalb Ihrer Branche, das fordert Sie noch stärker heraus und macht Sie für Ihren Wettbewerb noch schwerer greifbar. Auch Steve Jobs hatte nie Microsoft als Vorbild, sondern immer Sony – als Unterhaltungsmaschine.*

Es kommt darauf an, was Sie daraus machen
„Überlange Wartezeit ist der Tod jeder Idee", sinnierte Wolfgang Ambros in einem seiner Lieder. Und genauso ist es mit dem Rating. Wenn Sie es nur als Momentaufnahme nutzen, bringt es Ihnen nichts. Wenn Sie zu lange brauchen, um daraus die notwendigen Schlüsse zu ziehen, oder die Umsetzung auf die lange Bank schieben – dann verpufft der mögliche Nutzen.

Da wir wissen, wie erbarmungslos das Tagesgeschäft ist und wie wenig Freiraum es lässt, um am Unternehmen zu arbeiten, ist es von Anfang an wichtig, die Nominierung als die eine Seite der Medaille zu sehen, die Umsetzung der Verbesserungsmaßnahmen als gleichberechtigte, andere Seite.

Planen Sie dieses Projekt genauso ein wie jedes andere Projekt in Ihrem Hause. Mit der gleichen Priorität und der gleichen Professionalität. Setzen Sie sich am ersten Arbeitstag nach der Veröffentlichung der Wettbewerbsergebnisse, ob als Preisträger oder nicht, mit Ihrem Team zusammen und stellen Sie die To-dos auf. Und dann geht es sogleich mit der Umsetzung los.

Die Ergebnisse erfahren Sie in zwei Stufen. Stufe 1: Am Tag nach den Galabällen werden auf dem Portal *www.mittelstandspreis.com* die Preisträger in einer verdichteten Laudatio vorgestellt. Somit wissen Sie, wer warum gewann. Und mit ein wenig Feingespür können Sie daraus einige Stoßrichtungen ableiten, um sich zukünftig noch besser aufzustellen. Stufe 2: Im Lauf des Monats November erhalten Sie das Rating Ihres Unternehmens. Und nun wissen Sie schwarz auf weiß, wie Sie abgeschnitten haben und in welchen Bereichen Sie eine „Schippe drauflegen" können.

Aktivitäten, die unter der Zeit hinzukommen, werden automatisch in den Maßnahmenkatalog mit aufgenommen. Gründen Sie eine Projektgruppe, die sich regelmäßig trifft, um den aktuellen Umsetzungsstand und die dabei erzielten Ergebnisse zu besprechen, die aber auch in der Lage ist, weitere Maßnahmen zum Feintuning umzusetzen.

So können Sie nicht nur sicher sein, Ihr Unternehmen einen großen Schritt voranzubringen, Sie haben gute Chancen, beim nächsten Mal noch weiter vorne zu landen. Und den nächsten Preis „abzuräumen". Schließlich bietet der „Große Preis des Mittelstandes" mit seinen vielen Ehrungsstufen Grund genug, um über viele Jahre dabei zu bleiben.

Der Benchmarking-Arbeitsplan

Von Sir Winston Churchill stammt das weise Zitat *„Verbessern heißt verändern. Perfekt sein heißt demnach, sich oft verändert zu haben."*

Denken sie an die Boxenstopps in der Formel 1. Hier entscheiden neben dem Teamspirit kleine Handgriffe über Zehntel Sekunden. Der Erfolg ist hier nicht zufällig. Nutzen Sie daher die Ergebnisse Ihres Benchmarkings, um daraus einen zielorientierten Maßnahmenplan zu generieren, etwa nach folgendem Schema:

Benchmarking auf höchstem Niveau

Kriterium 1	Rating-Ergebnis heuer:	Ziel-Rating-Ergebnis nächstes Jahr:	
Was wird getan?	**Wer?**	**Termin**	**Status**
Maßnahme 1	NN	tt.mm.jj	☐
Maßnahme 2	NN	tt.mm.jj	☐
Maßnahme …	NN	tt.mm.jj	☐

Kriterium 2	Rating-Ergebnis heuer:	Ziel-Rating-Ergebnis nächstes Jahr:	
Was wird getan?	**Wer?**	**Termin**	**Status**
Maßnahme 1	NN	tt.mm.jj	☐
Maßnahme 2	NN	tt.mm.jj	☐
Maßnahme …	NN	tt.mm.jj	☐

usw.

Abbildung 6: Muster für den Maßnahmenplan zur Ratingverbesserung

→ *Tipp 10: Nutzen Sie für dieses Projekt die kostenlose App der Wunderkinder. Sie können alle im Unternehmen einladen, an der Umsetzung mitzuwirken und Sie sehen jederzeit den aktuellen Stand: www.wunderlist.com.*

Mit diesem Plan haben Sie ein konkretes Instrument in der Hand, um sich schrittweise zu verbessern. Und die Maßnahmen werden ein Mix aus Ihren eigenen Vorschlägen und denen Ihres Teams sein.

Wer aufhört besser zu werden,
hat aufgehört gut zu sein.

Philip Rosenthal

> **Bemerkenswert**
>
> Das Rating ist gleichbedeutend mit dem Urteil eines neutralen Experten. Mit dem Rückenwind dieses Ratings können Sie nun auch plötzlich Themen anpacken, für die Ihr Team bislang schwer zu begeistern war.

Wenn Sie auf diese Art und Weise Ihr Team, ganz oder teilweise, zu Beteiligten gemacht haben und es dadurch für die Lust zur Veränderung gewinnen konnten, wird der Drive für die Umsetzung ein ganz anderer sein. - Probieren Sie es aus!

Nur keine Vogel-Strauß-Politik

Es ist interessant, wie unterschiedlich Menschen im Privat- und Berufsleben ticken. Privat gehen die meisten regelmäßig zur Vorsorge zum Arzt, achten auf die Blutwerte, das Gewicht und den Puls und beherzigen weitestgehend die ärztlichen Empfehlungen.

Und als Unternehmer? Da wird das Unternehmen meist auf Basis des gesunden Menschenverstandes gesteuert. Mal mit mehr, mal mit weniger Risiko. Doch sich nach anderen richten, das zu übernehmen, was andere erfolgreich machen, fällt schwer. Lieber macht jeder Unternehmer sein eigenes Ding.

Von anderen lernen bedeutet zuzugeben, dass die das besser können. Doch bevor wir das zugeben müssten, schauen wir lieber erst gar nicht hin und vermeiden den Vergleich. – Auch, wenn es mitunter nicht so geschickt ist.

Benchmarking auf höchstem Niveau

Im Sport klappt es doch auch

Erfolgreiche Unternehmen machen irgendetwas anders als ihre Mitbewerber. Es sind entweder viele kleine Details, die in Summe unschlagbar sind, oder ausgewählte Elemente, von denen der Vorsprung herrührt.

Der Vergleich zum Sport bietet hier drei interessante Beispiele.

→ *Lindsay Vonn* trainierte in den letzten Jahren mit der Herren-Nationalmannschaft und fuhr den schnelleren, im Radius jedoch größeren und damit schwerer zu beherrschenden Männerski.

→ *Pep Guardiola* hat es mit dem FC Barcelona geschafft, dass die Jungs im Champions-League Spiel gegen Leverkusen über 840 Pässe spielten.

→ *Sebastian Vettels* Boxenstopps dauerten mehrheitlich ca. 2,37 Sekunden. Sie waren lange um 2 bis 4 Zehntel schneller als die der Wettbewerber – obwohl bei allen das Gleiche gemacht wird: Tanken, Reifenwechsel und Visier putzen.

Klare, hohe Zielsetzung und beinharte, konsequente Umsetzung - das ist die unschlagbare Kombination, wenn Sie die Herausforderung Benchmarking auf diesem Niveau für sich und Ihr Unternehmen annehmen. Der Lohn: Ihr Wettbewerb beißt sich an Ihrem Unternehmen die Zähne aus.

→ *Tipp 11: Benchmarking ist nichts für schwache Nerven und Typen, denen rasch die Geduld ausgeht.*

2.4 Von der Überlegung zur Nominierung

Am Wettbewerb „Großer Preis des Mittelstandes" kann man nicht so einfach teilnehmen. Denn Unternehmen können sich nicht selbst anmelden. Das Unternehmen wird nominiert. Von Dritten, die diesem Unternehmen zutrauen, den Anforderungen zu genügen. Diese Dritte können befreundete Unternehmer sein, die Hausbank, die eigene Stadt, Unternehmensberater oder auch Vertreter der IHK, um ein paar zu nennen.

Dabei sind beide Varianten denkbar: Die Nominierenden kommen auf Sie zu, fragen Sie und diskutieren mit Ihnen, ob eine Nominierung sinnvoll ist. Sie können aber auch auf die Nominierenden zugehen und diese bitten, Ihr Unternehmen zu nominieren.

→ **Tipp 12:** *Falls Sie unsicher sind, wer Sie nominieren könnte, wenden Sie sich an eine der 50 regionalen Servicestellen: www.mittelstandspreis.com/stiftung/servicestellen*

Da die Nominierenden auch auf ihren eigenen Ruf achten, nominieren Sie nicht jedes beliebige Unternehmen, sondern nur diejenigen, denen sie zutrauen, prinzipiell allen Kriterien gerecht zu werden. Dabei müssen die nominierten Unternehmen nicht in allen Kriterien topfit sein. Es reicht, wenn sie in einigen topfit sind, in einigen fit und in einem vielleicht nicht ganz so gut. Das sollten Sie wissen, wenn Sie über Ihre Nominierung nachdenken.

Als Berater lernte ich Unternehmen kennen, die sich dafür entschieden, bewusst noch ein Jahr zu warten, bevor sie sich nominieren ließen, um mindestens überall topfit und fit zu sein. Ebenso habe ich auch Unternehmen kennengelernt, die sich trotz einiger Schwächen

Benchmarking auf höchstem Niveau

nominieren ließen, um zunächst einmal ein offizielles Benchmarking-Ergebnis zu bekommen und von dritter Seite zu wissen, woran sie im nächsten Jahr stärker arbeiten müssen. Weil ich das Rating der Jury als exzellenten Spiegel betrachte, befürworte ich die zweite Variante. Wir können gar nicht früh genug damit anfangen, systematisch besser zu werden.

→ **Tipp 13:** Lassen Sie sich jedes Jahr nominieren. So erkennen Sie, wo Sie stehen und wo Sie sich verbessern können. – Es kostet Sie ja nichts! Außer etwas Zeit.

Bemerkenswert

Interessant, auch wenn es nur wenige zugeben: durch das offizielle Ergebnis ist der Druck, etwas verändern zu wollen, größer, als wenn man zu Hause in den eigenen Spiegel schaut und sich etwas vornimmt.

Den Wert eines Unternehmens machen nicht Gebäude und Maschinen und auch nicht seine Banknoten aus. Wertvoll an einem Unternehmen sind nur die Menschen, die dafür arbeiten, und der Geist, in dem sie es tun.
Heinrich Nordhoff

2.5 Die verschiedenen Phasen

Das Wettbewerbsjahr dauert zwölf Monate. Es startet immer am 1. November und endet zum 31. Oktober. Diese zwölf Monate splitten sich in vier verschiedene Phasen auf, in denen das Feld unterschiedlich bestellt werden muss, damit am Ende die Saat richtig aufgeht.

Abbildung 7: Die vier Phasen des Wettbewerbs

Phase 1: Die Nominierungsphase

Bis 31. Januar: Die Nominierung

Die Nominierungsphase bedeutet, dass in der Zeit von Anfang November bis Ende Januar die zu nominierenden Unternehmen von den zur Nominierung berechtigten Personen und Einrichtungen in das Online-Portal des Wettbewerbs, das „Kompetenznetz Mittelstand", eingetragen werden: *www.kompetenznetz-mittelstand.de*.

Benchmarking auf höchstem Niveau

Der Nominierende gibt dabei die Kontaktdaten des Unternehmens ein und begründet seinen Vorschlag. Mehr muss in dieser Zeit noch nicht passieren.

→ *Tipp 14:* *Bitte beachten Sie, dass Selbstnominierungen nicht möglich sind. Der Wettbewerb sieht vor, dass ein Dritter Ihr Unternehmen als preis-würdig einschätzt und nominiert.*

Die Oskar-Patzelt-Stiftung überprüft zeitnah die Angaben und informiert dann per E-Mail das Unternehmen darüber, dass es zum Wettbewerb „Großer Preis des Mittelstandes" nominiert wurde. Zeitgleich erhält das Unternehmen seine passwortgeschützten Zugangsdaten und den zeitlichen Fahrplan, bis wann der Nominierungsbogen auszufüllen ist.

Dieser Teil der Nominierungsphase endet Ende Januar. Danach können keine weiteren Firmen nominiert werden.

→ *Tipp 15:* *Am besten laden Sie die Website www.mittelstandspreis.com in die Symbolleiste Ihres Browsers und schauen regelmäßig nach Neuigkeiten. Dann sind Sie up to date und haben auch die Termine im Überblick.*

Ende Februar: Die Nominierungsliste

Bis Ende Februar werden die Unternehmen informiert, dass sie nun offiziell auf der Nominierungsliste vertreten sind. Alle Unternehmen, die auf dieser Liste aufgeführt sind, haben die erste Jurystufe erreicht. Sie zählen zu den Nominierten. Im Jahr 2016 waren es 5.000 Nominierungen.

Bis 15. April: Das Ausfüllen der Unterlagen

Nach der erfolgreichen Nominierung geht es ans Ausfüllen der Nominierungsunterlagen. Diese Phase dauert bis Mitte April.

Begleitung der Servicestellen

Viele Servicestellen, aber auch nominierende Einrichtungen und Personen nutzen diese Zeit, um Unternehmen in ihrer Region mit Rat und Tat beim Ausfüllen der Unterlagen behilflich zu sein.

Sie organisieren mit regionalen Wirtschaftseinrichtungen wie der IHK Treffen, um die Nominierten einem breiteren Publikum als Leistungsträger der Wirtschaft zu präsentieren. Häufig mit öffentlichen Würdenträgern wie Bürgermeistern, Staatssekretären oder Wirtschaftsministern, IHK-Verantwortlichen und vielen anderen mehr.

Dabei geben sie zusätzlich Hilfestellung beim Ausfüllen der Unterlagen, liefern Hintergrundinformationen und Tipps zum Wettbewerb, um die für die eigene Vermarktung nötigen Schritte nicht zu verpassen.

Tagungen der Oskar-Patzelt-Stiftung

Um bereits in einem sehr frühen Stadium den Austausch und das Netzwerken untereinander zu fördern, richtet die Oskar-Patzelt-Stiftung neben diversen regionalen Veranstaltungen zwei größere Tagungen aus: eine in Fulda und eine in Leipzig.

Die beiden jeweils eintägigen Veranstaltungen beinhalten interessante Vorträge, Podiumsdiskussionen und praxisorientierte Workshops, um sowohl inhaltlich neue Impulse zu setzen als auch die nominierten Unternehmen frühzeitig auf die zahlreichen Möglichkeiten der Vermarktung der Nominierung hinzuweisen.

Häufig ist die Vermarktung ein Punkt, der bei vielen Unternehmen zu kurz kommt. Denn alleine die Tatsache, die erste Stufe erreicht zu haben, die Wettbewerbsvoraussetzungen zu erfüllen und von einem Dritten nominiert worden zu sein, bedeutet, zu einem erlesenen, kleinen Kreis von Unternehmen zu zählen. Und wann hat man schon die Möglichkeit, so ehrlich – quasi mit einer Referenz – Werbung zu machen?

Die beiden Hauptveranstaltungen der Oskar-Patzelt-Stiftung finden phasenübergreifend zwischen März und Mai statt.

Bemerkenswert
Da bei diesen Veranstaltungen regelmäßig auch Unternehmer teilnehmen, die bereits in der Vergangenheit nominiert bzw. ausgezeichnet wurden, kann hier bereits ein erster Erfahrungsaustausch stattfinden. So werden auch Newcomer rasch zu „alten Hasen".

Du wirst es niemals wissen,
bis du es versucht hast.
Walt Disney

Phase 2: Sichtung der Unterlagen

Von Mitte April bis Ende Juni werden nun die eingereichten Unterlagen auf Vollständigkeit und inhaltliche Erfüllung der Wettbewerbsvoraussetzungen geprüft.

Bis 31. Mai: Juryliste

Die Unternehmen, die diese zweite Wettbewerbsstufe erfolgreich meistern, kommen in die „Juryliste". Auf dieser Liste befinden sich all die Unternehmen, die in den zuvor beschriebenen fünf Wettbewerbskriterien etwas vorzuweisen haben. Aus dieser Juryliste werden die Juroren später die Preisträger ermitteln. Inhaltlich ist sie vergleichbar mit der Nominierung für einen Filmpreis.

Im Jahr 2016 erreichten rund 700 Unternehmen diese Jurystufe. Von diesen zählten später wiederum etwa 100 Unternehmen zu den Preisträgern.

Bis Ende Juni werden die Unternehmen diesbezüglich benachrichtigt. Schriftlich mit einem Anschreiben und einer individuell auf das Unternehmen bezogenen Urkunde.

Bei Filmen, ob Kino oder TV, ist die Nominierung für einen Preis fast so wichtig wie der Preis selbst. Ähnlich verhält es sich beim „Großen Preis des Mittelstandes".

Phase 3: Auswahl der Preisträger

Ab Juli beginnt für die ca. 100 Juroren die heiße Zeit, nicht nur wegen der sommerlichen Temperaturen. Nun erhalten sie die Unterlagen der Unternehmen aus ihren zwölf Wettbewerbsregionen, müssen diese Unterlagen lesen, sich eine Meinung bilden und jedes Unternehmen einzeln ranken.

→ *Tipp 16: Den vollständigen Überblick, aus welchen Personen die Jury besteht, bietet Ihnen die Website www.mittelstandspreis.com/wettbewerb/juroren.*

In diskussionsintensiven Runden legen sich die Juroren dann gemeinsam auf die zukünftigen Preisträger aus jeder Region fest. Die Ergebnisse bleiben streng geheim bis zur Auszeichnungsgala, auf der die Preisverleihung dann erfolgt.

Bemerkenswert

Ein Corporate-Governance-Kodex regelt die Leitlinien für die verantwortungsvolle Durchführung des Wettbewerbs „Großer Preis des Mittelstandes".

Darin ist unter anderem festgelegt, dass die Juroren die getroffenen Entscheidungen ihrer Jury einstimmig vertreten. Und ebenso, dass sich Juroren bei Interessenskonflikten verpflichten, diese offen zu legen und sich in diesen Fällen der Mitwirkung und Beratung zu enthalten.

Phase 4: Das große Finale, die Galabälle

Dresden, Düsseldorf, Würzburg und Berlin. Das sind die Städte der vier Galabälle, auf denen die Preisträger erstmals öffentlich genannt und geehrt werden.

Tatsächlich erst an diesem Abend erfahren die nominierten Unternehmen, ob sie zu den Preisträgern ihrer Region zählen. Diese festlichen Veranstaltungen können von allen Unternehmen besucht werden.

Bemerkenswert

Jeder Ball startet mit der gut zweistündigen, spannenden Ehrungsphase. Dazwischen und danach wird fürs leibliche Wohl gesorgt. Ab ca. 20.30 Uhr beginnt das bunte Ballprogramm mit hochkarätigen Showeinlagen. Dazwischen besteht die Möglichkeit, selbst das Tanzbein zu schwingen. Eine mit Preisen reichlich ausgestattete Tombola und die Mitternachts-Überraschung stellen weitere Höhepunkte des Abends dar. Und für viele findet nach dem offiziellen Ende gegen 1.00 Uhr in der Bar eine gemütliche Fortsetzung statt.

Auszeichnungsliste
Auf der Auszeichnungsliste finden sich alle im Rahmen des Wettbewerbs „Großer Preis des Mittelstandes" ausgezeichneten Unternehmen, Banken, Kommunen und Personen wieder. Unmittelbar nach jedem Ball wird sie auf der Website des Wettbewerbs veröffentlicht und damit von Ball zu Ball umfangreicher. Die vollständige Auszeichnungsliste wird anschließend auch im PT-Magazin, dem offiziellen Magazin des Wettbewerbs, veröffentlicht.

3. Das richtige Promoten und Netzwerken

Die Nominierung an sich, das Erreichen der Jurystufe und die eventuelle Auszeichnung: Anlässe über Anlässe, um als Unternehmen auf sich aufmerksam zu machen und sich zu Recht im Lichte der Auszeichnung „Großer Preis des Mittelstandes" zu zeigen.

Wie stolz sind Unternehmen, wenn sie DIN ISO-zertifiziert sind, wenn ihr Produkt bei einem offiziellen Test gut abschneidet oder wenn die Beurteilung in einem Verbraucherportal positiv ausfällt. Und nun halten die Unternehmen einen ungeschliffenen Diamanten in Händen, ohne es zu wissen und ihn entsprechend zum Strahlen zu bringen.

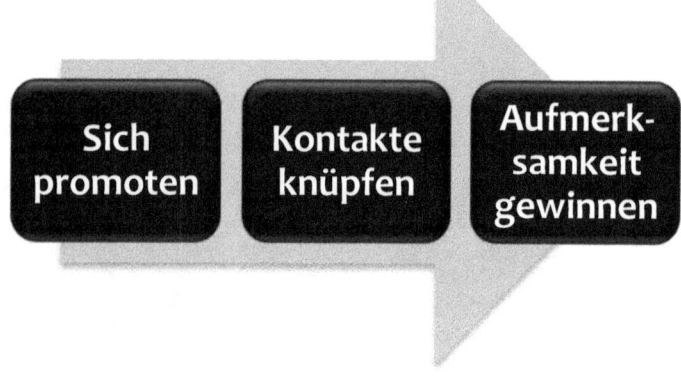

Abbildung 8: Die Nominierung ist das eine – die Vermarktung das andere

Nachdem Sie von einem Dritten auf dem Portal des Wettbewerbs angemeldet wurden, sind Sie bzw. Ihr Unternehmen ein nominiertes Unternehmen. – Erinnern Sie sich noch, als *Roman Weidenfeller* im Herbst 2013 von *Jogi Löw* als Torwart in die Nationalmannschaft berufen wurde? Ganz Deutschland wurde binnen 24 Stunden informiert und viele, darunter zahlreiche nicht Fußballbegeisterte freuen sich mit. Auch wenn Ihr Unternehmen vielleicht nicht den gleichen Bekanntheitsgrad genießt, so ist das Ereignis ähnlich zu werten.

3.1 Inhalte und Timing der wichtigsten Vermarktungsschritte

Step 1 | Presseinformation

Unmittelbar nach Ihrer erfolgreichen Nominierung sollten Sie drei Aufgaben erledigen:

→ Sich das Logo als nominiertes Unternehmen in großer und kleiner Auflösung von der Website *www.mittelstandspreis.com* im Bereich „Service" downloaden, auf Ihre eigene Website nehmen und auch Ihre Printunterlagen damit anreichern. Evtl. sogar als Aufkleber, die Sie ebenfalls auf dieser Website im Bereich „Shop" erwerben können.

→ Eine Pressemitteilung, am besten mit Bild, an Ihre Regionalzeitung schicken, damit dieses Ereignis auch gebührend in Ihrer Stadt und Ihrer Region vorgestellt wird.

→ Die gleiche Pressemeldung auch an Ihre regionale IHK-Zeitschrift und andere Ihnen wichtige Publikationen versenden.

> **Bemerkenswert**
>
> *Die Deutsche Post bietet neben der eigens kreierten Briefmarke „Großer Preis des Mittelstandes" auch die Möglichkeit, individuelle Designs, also auch Ihre unternehmenseigene Briefmarke zu drucken.*

Step 2 | Jury-Urkunde

Nach Erreichen der Jurystufe haben Sie eine weitere große Hürde geschafft. Nun zählt Ihr Unternehmen zu dem Kreis, aus dem die Jury die Preisträger auswählt. Das sind in der Regel noch knapp 20 Prozent der nominierten Unternehmen. 80 Prozent sind raus: entweder haben sie gegen die Kriterien verstoßen, nicht alles ausgefüllt oder die Nominierungsunterlagen nicht weiter bearbeitet. Und Sie zählen nun zu diesen letzten 20 Prozent.

Als sichtbares Zeichen für das Vordringen in diesen erlauchten Kreis erhalten Sie Ihre Jury-Urkunde per Post.

Diese Urkunde eignet sich vorzüglich, um sie in einem schönen Rahmen an repräsentativer Stelle im Unternehmen aufzuhängen. Doch vorab sollten Sie von der Urkunde einen Scan machen und dieses Bild an passender Stelle auf Ihre Website nehmen.

Verfassen Sie eine weitere Pressemitteilung, dass Sie nun die Jurystufe erreicht haben. Berichten Sie darüber auch auf Ihrer Website und in Ihren sonstigen sozialen Netzwerken wie Facebook, Xing, Twitter und so weiter.

Das richtige Promoten und Netzwerken

Step 3 | PT- Magazin

Spätestens ab jetzt sollten Sie das PT-Magazin mit anderen Augen lesen und zwar doppelt genau. Halten Sie Ausschau nach bekannten Firmen und potenziell neuen Geschäftspartnern. Beziehen Sie sich auf Ihre erfolgreiche Nominierung und knüpfen Sie zarte Bande. Es liegt auf der Hand, dass sich auf dieser Gesprächsbasis höherwertige Gesprächskontakte ergeben als durch jede klassische Kaltakquise.

Wenn Sie jedes neu erscheinende Magazin auf die gleiche Weise nutzen, bekommt Ihre Datenbank einen Fundus an hochinteressanten neuen Kontakten.

Und aufgepasst: da beim „Großen Preis des Mittelstandes" nicht nur Unternehmen, sondern auch Kommunen und herausragende Einzelpersonen geehrt werden, ergeben sich weitere mannigfaltige Chancen. Für denjenigen, der sie zu suchen und zu schätzen weiß.

Bemerkenswert

2013 wurde *Jens Weidmann*, der Präsident der Deutschen Bundesbank, für seine klare und unerschrockene Haltung zur Wahrung der Stabilität des Euro geehrt.

Step 4 | Beteiligung als Sponsor

Wem die Suche zu wenig oder das Kontakt aufnehmen zu mühsam erscheint, der kann auch auf sich aufmerksam machen. Das PT-Magazin bietet im Magazin, aber auch im Umfeld eine Fülle von Möglichkeiten, das eigene Unternehmen attraktiv in Szene zu setzen: von klein bis groß, von regional bis national.

Daneben können sich Unternehmen auch als Sponsor der Oskar-Patzelt-Stiftung betätigen.

Warum also nicht auch die Möglichkeit als dauerhafter oder auch temporärer, auf einen Ball bezogener, Sponsor auftreten.

Step 5 | Tagungen besuchen

Die im Frühjahr stattfindenden Tagungen der Oskar-Patzelt-Stiftung ermöglichen hervorragende Einblicke in das ganze Drumherum des Wettbewerbs.

Neben interessanten Impulsen durch Referenten, die etwas zu berichten wissen, bieten sie die Chance zu einem qualitativ hochwertigen Netzwerken. Kein Speed-Dating, sondern kultivierte Gespräche unter Unternehmern in schöner, übersichtlicher Atmosphäre: über den Tagungstag verteilt in den großzügig bemessenen Pausen, beim Mittag- und Abendessen und in der Zeit zwischen Tagungsende und Abendessenbeginn.

Und die Möglichkeiten, dies in einem neuen Kreis gleichgesinnter Unternehmer zu tun, sind so zahlreich nicht. - Häufig bewegt man sich doch eher innerhalb der gleichen Netzwerke, wo man sich kennt und die Möglichkeiten im Prinzip ausgereizt sind.

Step 6 | Galabälle nutzen

Im September und Oktober finden die Galabälle statt. Falls Sie nominiert wurden und noch nie Preisträger waren, empfiehlt sich die Teilnahme an dem Ball, bei dem Ihre Wirtschaftsregion geehrt wird.

Stand 2017 ist folgende Verteilung:

Galaball in	für die Wettbewerbsregionen
Dresden	Sachsen, Sachsen-Anhalt, Berlin/ Brandenburg und Mecklenburg-Vorpommern
Düsseldorf	Nordrhein-Westfalen, Niedersachsen/ Bremen, Schleswig-Holstein/ Hamburg und Rheinland-Pfalz/ Saarland
Würzburg	Bayern, Baden-Württemberg, Hessen und Thüringen
Berlin	Nicht für Finalisten, sondern für alle bereits mit dem Großen Preis des Mittelstandes ausgezeichneten Unternehmen zur Verleihung der Sonderpreise und Ehrenplaketten

Abbildung 9: Aufteilung der Galabälle und Wettbewerbsregionen

Die meisten Unternehmer erscheinen auf dem Ball in Begleitung ihres privaten Partners. Manche nehmen ihre Geschäftskunden mit und wieder andere ihre Geschäftsleitungskollegen und verdiente Mitarbeiter.

Der Ball ist auf jeden Fall ein Erlebnis. Egal, ob Sie ausgezeichnet werden oder nicht. Mit Auszeichnung natürlich noch ein Stück mehr.

Bevor der Ball startet, kommen Sie bereits im Foyer bei einem Gläschen Sekt ins Gespräch und sobald Sie am Tisch sitzen, geht es weiter. Wann sonst sieht man so viele

Unternehmer so angespannt und gleichzeitig so locker und kann sich ein Bild machen.

Durch Ihre Teilnahme am Ball sind Sie nun mittendrin im Netzwerk der Besten. Sie gehören dazu. Und wenn Sie dann noch als Finalist oder Preisträger „Großer Preis des Mittelstandes" ausgezeichnet werden, haben Sie praktisch den Ritterschlag erhalten und sind fester Teil eines lebendigen Netzwerks.

Step 7 | PR-Aktivitäten

Wenn Sie nun zu den Glücklichen gehören, – denn am Schluss ist wirklich auch eine Portion Glück nötig, – um die Auszeichnung zu erhalten, sollten Sie tags darauf schon an Ihre PR-Aktivitäten denken:

→ Von der Website *www.mittelstandspreis.com* heißt es nun, das Logo „Preisträger" herunterzuladen und auf die eigene Website und die Printprodukte zu nehmen. Der Download ist übrigens kostenlos.

→ Dann bereiten Sie wieder eine Pressemitteilung vor und verteilen sie regional und wenn möglich auch überregional z.B. in Ihrem Verbandsmagazin. Sie können hierzu auch den Text Ihrer Laudatio nutzen, der am Tag nach der Gala bereits auf *www.mittelstandspreis.com* veröffentlicht wird.

→ Dann organisieren Sie eine kleine Nachfeier über die zuständige IHK und laden ausgewählte Persönlichkeiten, darunter Ihre Hausbank und den einen oder anderen repräsentativen Politiker hinzu. Und auch über dieses Ereignis sollten Sie in den Medien berichten.

Das richtige Promoten und Netzwerken

Einfacher, authentischer und attraktiver können Sie sich als Arbeitgeber und Geschäftspartner kaum präsentieren.

Wenn Sie die Steps 1 bis 7 beherzigen, gibt Ihnen der Unternehmenswettbewerb „Großer Preis des Mittelstandes" von Februar bis Oktober jede Menge Stoff, um sich zu promoten, neue, interessante Kontakte zu knüpfen und auf sich aufmerksam zu machen.

Step 8 | Andere nominieren

Nachdem Sie nun den Zyklus des Wettbewerbs am eigenen Unternehmen durchlebt haben und von dieser Initiative hoffentlich genauso angetan sind wie der Autor, steht es Ihnen frei, auch andere Unternehmen zu nominieren. Befreundete Unternehmen, aber auch Ihre eigenen Geschäftspartner.

→ *Tipp 17: Immer vorher Rücksprache halten, ob der andere das auch will.*

Step 9 | Sich wieder nominieren lassen

Ein Fehler, der leider in der Praxis immer wieder vorkommt: viele Unternehmen meinen, allein durch den Eintrag im Portal automatisch jedes Jahr nominiert zu sein. – Dem ist nicht so!

Sie müssen jedes Jahrs aufs Neue durch Dritte nominiert werden. Sie können dann auf die im Portal stehenden Daten Ihres Unternehmens zurückgreifen und müssen nicht wieder von vorne alles eingeben, sondern nur ergänzen und aktualisieren.

Um nichts dem Zufall zu überlassen, ist es daher hilfreich, wenn Sie schon frühzeitig überlegen, von welchen Dritten Sie sich nominieren lassen könnten.

Step	Aktivität	Wann	Wer?	Status
Step 1	Presseinfo verteilen	Februar/ März		☐
Step 2	Nominierungs-Urkunde; Jury-Urkunde	April/ Mai/ Juni		☐
Step 3	PT- Magazin checken	ab Februar		☐
Step 4	Sponsoring erwägen	ab April		☐
Step 5	Tagungen besuchen	März bis Mai		☐
Step 6	Galabälle besuchen	September/ Oktober		☐
Step 7	PR betreiben als Preisträger	September/ Oktober		☐
Step 8	Dritte nominieren	bis Ende Januar		☐
Step 9	Um die eigene Nominierung kümmern	bis Ende Januar		☐

Abbildung 10: Vermarktungs-Checkliste, um den Überblick zu behalten.

3.2 Kontaktmanagement par excellence

Viele Unternehmen freuen sich, wenn sie es geschafft haben, die Jurystufe zu erreichen und vielleicht auch zu den Preisträgern zu zählen und belassen es dann dabei.

Sie verzichten so, bewusst oder unbewusst, auf das Potenzial dieser Gruppe. Und die Liste an Begründungen, etwas nicht zu tun, ist immer länger als die, etwas zu tun. Das wissen wir alle. Doch sich dieser Gruppe nicht zu nähern, ist sehr ungeschickt. - Denn die Ähnlichkeit im Denken und Handeln ist innerhalb dieser Gruppe nicht nur gegeben, sie ist auch auf einem höheren Niveau.

Wenn wir im Bild des Fußballs bleiben, treffen beim „Großen Preis des Mittelstandes" die Trainer der Clubs, die in der Champions League spielen, aufeinander. – Mit dem ganz großen Unterschied, dass sie hier nicht gegeneinander spielen. Keiner muss dem anderen etwas beweisen, aber viele interessieren sich dafür, wie es in den anderen nominierten Unternehmen läuft. Sicher, der eine mehr, der andere weniger. Aber die Grundhaltung ist Offenheit und Wohlwollen.

Was zeichnet die „Großer Preis des Mittelstandes"-Preisträger aus? Und prüfen Sie selbst, inwieweit Sie sich darin wiederfinden.

- → Durchsetzungskraft auch gegen Widerstände.
- → Innovationswille und Mut zu neuen Wegen.
- → Perfektionswille, alles muss immer ein bisschen besser sein.
- → Bodenständigkeit, trotz aller, auch materieller Erfolge.
- → Demut/ Bescheidenheit/ keine Snobs.

→ Vertrauensvoller und wertschätzender Umgang mit Menschen ganz allgemein, insbesondere mit Mitarbeitern und Geschäftspartnern.
→ Hohe Reflexion, selbstkritisch.
→ Performance-Optimierer, ständig auf der Suche, etwas einfacher, günstiger, wertschöpfender, schneller, pfiffiger zu machen.
→ Ein hohes Maß an Bauernschläue und eine gewisse Spitzbübigkeit. Den Spaß daran, andere, speziell die Konkurrenz, zu überraschen, würde ich diesen Unternehmern auch nicht absprechen.

Diese Beschreibung wird über 90 Prozent der Preisträger und auch der Mehrheit der Nominierten gerecht.

Wann sonst haben Sie so eine einheitlich tickende Gruppe an potenziellen Geschäftspartnern um sich. Menschen, die ähnlich denken, die vergleichbare Prioritäten im Leben setzen, ein übereinstimmendes Werteverständnis und eine vergleichbare Geschäftsethik aufweisen. Wer möchte nicht mit diesen Unternehmen zusammenarbeiten?

Verblüffenderweise lernen sich auf den Bällen nicht selten Unternehmen kennen, die regional keine 20 km voneinander entfernt sind, aber noch nie Berührungspunkte sahen und plötzlich ist alles anders. Man vereinbart sich und schon geht es los.

Nicht weil die Dinge unerreichbar sind, wagen wir sie nicht. Weil wir sie nicht wagen, bleiben sie unerreichbar.
Seneca

3.3 Der Kontext macht es

Wenn Sie sich im Alltag beobachten, setzen Sie vermutlich auf vertraute Routinen und sichere Abläufe. Neues, das an Sie herangetragen wird, stört tendenziell Ihre Kreise und Sie werden eher eine vorsichtige, abwehrende Haltung an den Tag legen.

Nicht so auf den Galabällen des Wettbewerbs. Das ist eine andere Plattform, die nichts mit dem Unternehmen zu tun hat. Hier ist man offen und aufgeschlossen, will Anerkennung annehmen, aber auch geben. Zu dieser Gemeinschaft sind die Zugänge schrankenloser als zu anderen Gemeinschaften.

Wer beispielsweise Xing für seine Kommunikation nutzt, erlebt dort auch einen unkomplizierteren Umgang als in der normalen E-Mail-Korrespondenz, nach dem Motto: *„Das ist einer aus dem Netzwerk".*

Und genauso funktioniert das Netzwerk der Besten im Großen Preis des Mittelstandes: *„Wir sind beide aus dem Netzwerk der Besten, was können wir füreinander tun?"*

Aus diesem Grund lassen sich im Netzwerk der Besten deutlich leichter Kooperationen und Geschäftsbeziehungen aufbauen.

Und es gibt mittlerweile unzählige Erfolgsgeschichten: ob in der Entwicklung neuer Verfahren und Produkte, bei der Gewinnung neuer Mitarbeiter oder der Vermarktung der Produkte in anderen Ländern, um nur ein paar Beispiele und Anregungen anzuführen.

→ *Tipp 18: Wenn Sie passende Unternehmen für sich ausfindig machen konnten, stellen Sie die verbindenden*

Gemeinsamkeiten in den Vordergrund und kommen Sie erst im zweiten Schritt auf Ihr Ziel zu sprechen.

Auf diese Weise nutzen Sie Ihrer beider Alleinstellungsmerkmal auf intelligente Weise und grenzen alle anderen Konkurrenten elegant aus. Wer kann da noch widerstehen?

3.4 Wie Sie auf andere aufmerksam werden

PT-Magazin

Nutzen Sie das PT-Magazin als Quelle der Inspiration. Einfacher geht es fast nicht. Durchblättern, die Beiträge zu und über die Unternehmen lesen, die kleineren und größeren Anzeigen betrachten und schon haben Sie eine Ansammlung an interessanten Unternehmen.

PT-Magazin online

Auf dem Online-Portal des Magazins finden Sie unter *www.pt-magazin.de* tagesaktuelle Neuigkeiten aus Politik und vor allem aus der Wirtschaft sowie interessante Firmenporträts.

Ballzeitung

Zu jedem Ball gibt es eine eigene Ballzeitung. Neben den Informationen zum Ballablauf, der Menüfolge und den Sponsoren sind alle Teilnehmer aufgelistet. Und diese sogar mit Tischangabe, so dass Sie noch am Abend selbst mit Ihnen besonders am Herzen liegenden Gesprächspartnern Kontakt aufnehmen können, weil Sie wissen, wo Sie unter den etwa 600 Gästen suchen müssen.

Kompetenznetz-Mittelstand

Das Portal des Wettbewerbs *www.kompetenznetz-mittelstand.de* verfügt über eine stattliche Anzahl an Unternehmen, die sich hier registriert haben. Es sind über 30.000. Über verschiedene Suchkriterien können Sie hier nach für Sie interessanten Unternehmen recherchieren und Kontakt aufnehmen.

Tagungen

Die auf S. 58 erwähnten Tagungen im Frühjahr jeden Jahres bieten exzellente Anknüpfungspunkte im kleinen, etwa 70 (+/-20) Teilnehmer umfassenden Kreis.

Stifterliste

Die hinter dem Wettbewerb stehende Oskar-Patzelt-Stiftung ist eine private, auf Spenden angewiesene Stiftung. Nun gibt es eine Reihe von Unternehmen, die den Stiftungszweck, das Fördern des deutschen Mittelstandes nicht nur gut heißen, sondern es auch ausdrücklich finanziell unterstützen. Diese Unternehmen sind auf der Website *www.mittelstandspreis.com* separat ausgewiesen unter dem Stichwort „Stifterliste".

Preisträger

Alle aktuellen Preisträger sowie die der zurückliegenden Jahre sind ebenfalls auf der Website *www.mittelstandspreis.com* nach ihrer regionalen Zugehörigkeit aufgeführt.

Das meiste wird deshalb nicht getan, weil es nicht unternommen wird.

Baltasar Gracián y Morales

3.5 Wie andere auf Sie aufmerksam werden

So wie Sie auf vielfältigen Wegen auf die Nominierten und Preisträger aufmerksam werden, funktioniert es auch in die andere Richtung.

Sponsor

Sie können als Sponsor im Rahmen eines Balles, sei es mit Sachspenden für die Verlosung oder Ihrem Logo auf der Ballzeitung auftreten. Ebenso können Sie sich als offizieller Sponsor des Wettbewerbes „Großer Preis des Mittelstandes" engagieren.

Anzeigen

Bei einer ivw-geprüften Auflage von 40.000 Stück ist das PT-Magazin eine Topquelle für ca. 70.000 Entscheider im Mittelstand. Und es landet vornehmlich auf den Tischen von Preisträgern und Nominierten. Eine Alleinstellung, die kein anderes deutsches Wirtschaftsmagazin bietet.

Da auf dem Portal des PT-Magazins monatlich ca. 50.000 Besucher vorbeischauen, ist auch eine Online-Präsenz auf dem Bildschirm eine interessante, auffallende Alternative.

Stifterliste

Und natürlich können Sie sich auch als Stifter engagieren. Nach wie vor eine prominente Plattform, auf der die einzelnen Unternehmen herausragen.

Das Logo des Wettbewerbs

Das Logo „Großer Preis des Mittelstandes" darf auf keinen Fall fehlen. Weder auf Ihrem Online-Auftritt noch auf Ihren Printunterlagen. Die anderen wollen und sollen wissen, dass „Sie es drauf haben". Dieses Logo können Sie

Das richtige Promoten und Netzwerken

sich kostenfrei auf der Website *www.mittelstandspreis.com* downloaden.

Die Statue und die Urkunde

Alle ausgezeichneten Unternehmen erhalten eine Skulptur, die den „Großen Preis des Mittelstandes" repräsentiert, und dazu eine Urkunde. Keine Frage, dass beides seinen Platz an exponierter Stelle in Ihrem Unternehmen finden sollte.

Preisträgertreffen

Eine besondere Plattform bietet sich im Vorfeld des Bundesballs. Bereits am Nachmittag treffen sich die Preisträger der vergangenen Jahre zum Netzwerken, Erfahrungsaustausch und gemütlichen Plausch. Dabei besteht die Möglichkeit, mit einem kleinen Stand das eigene Unternehmen zu repräsentieren. Ein Treff, der nur den bereits ausgezeichneten Preisträgern der Vorjahre vorbehalten ist, nicht den Nominierten.

Sonderformen

Manche Unternehmen kommunizieren die Auszeichnung auch über ihren Fuhrpark und lassen die Preisträger-Skulptur – als grafischer Aufdruck imposant umgesetzt – auf ihrem Smart oder 40-Tonner über die Straßen fahren, um ein paar aktuelle Beispiele zu nennen.

Wieder andere Unternehmen nutzen die Auszeichnung, um den Firmenbereich mit entsprechenden Fahnen auszustatten und den Geschäftspartnern eindrucksvoll zu signalisieren, dass sie ein Spitzenunternehmen sind.

Im Merchandising-Bereich des Wettbewerbes finden Sie unter *www.mittelstandspreis.com/shop* zahlreiche Anregungen wie einen Aufsteller für den Eingangsbereich oder das Besprechungszimmer, Tischaufsteller, Schlüsselanhänger, Aufkleber und vieles mehr.

Anzeigen und Sponsoring im Umfeld der Oskar-Patzelt-Stiftung sind starke, marken- und imagefördernde Aktionen. Weniger etwas für den schnellen Abverkauf zwischendurch, eher eine wertige Visitenkarte im Netzwerk der Besten. Ein sichtbares Zeichen, zu diesem Kreis dazu zu gehören. Sie sind sowohl eine Eintrittskarte, um leichter ins Gespräch mit Kollegen aus dem Netzwerk zu kommen, als auch eine Einladung an alle anderen: *„Hier ist einer aus dem Netzwerk und wenn wir uns gegenseitig weiterbringen können, dann meldet euch gerne bei mir!"*

Viele der ausgezeichneten Unternehmen nutzen diese Plattform seit Jahren für ihre Geschäfte.

mittelstandspreis.com   pt-magazin.de   kompetenznetz-mittelstand.de

Abbildung 11: QR-Codes der wichtigsten Websites

Ein Unternehmen ist sozial,
wenn es Gewinne macht.
Heinz Otto Dürr

4. Nach dem Wettbewerb ist vor dem Wettbewerb

Sind Sie schon einmal einen Viertel-, Halb- oder einen ganzen Marathon gelaufen? Oder eine längere Strecke Rad gefahren? Getaucht oder in die Berge gegangen? Spielen Sie Golf oder tanzen Sie? Dann geht es Ihnen mit dem „Großen Preis des Mittelstandes" nicht anders: Sie wollen dabei bleiben und das nächste Mal wieder im Rennen um die begehrte Auszeichnung sein und möglichst noch ein wenig besser werden.

Nun sind die Bälle vorüber und wie geht es jetzt weiter? Hier bietet Ihnen der Wettbewerb den Vorzug, dass Sie denselben Preis kein zweites Mal erhalten – was ausgesprochen langweilig wäre –, sondern jede weitere Auszeichnung mit steigenden Anforderungen einhergeht.

Zwei bis drei Jahre ein hohes Niveau zu halten, ist schon eine erstklassige Leistung, diese aber auch noch zu steigern? Kein leichtes Unterfangen. Doch genau das ist das Holz, aus dem die regelmäßig zu diesem Wettbewerb nominierten Unternehmen geschnitzt sind.

Betrachtet man die Liste dieser Unternehmen, so sind sie deshalb dauerhaft so erfolgreich, weil sie beständig nicht nur in ihren Märkten, sondern auch an Ihren Unternehmen arbeiten und sich dabei ständig weiterentwickeln.

Erkenntnisse von gestern sind heute ein alter Hut. Man ist ständig gefordert, den Hochleistungssport Firmenentwicklung weiter zu betreiben.
Klaus Jürgen Maack

4.1 Die Auszeichnungspyramide

Die Auszeichnungen, die der Wettbewerb „Großer Preis des Mittelstandes" vergibt, gleichen den Stufen einer Pyramide.

Sie werden möglicherweise nicht jedes Jahr einen der nachfolgenden Preise „abräumen". Denn je weiter Sie kommen, umso höher werden die Kriterien, an denen sich Ihr Unternehmen messen lassen muss. – Doch das kennen Sie vom Sport: die ersten Fortschritte sind rasch sichtbar und dann muss man eisern dranbleiben, um noch das Letzte an Verbesserungen herauszuholen.

Ganz so anstrengend geht es freilich beim „Großen Preis des Mittelstandes" nicht zu. Denn parallel zu Ihrer zweiten oder dritten Teilnahme gewinnt der gesellschaftliche Kontakt an Bedeutung. Sie kennen bereits zahlreiche andere Unternehmer und freuen sich, sie wieder zu treffen und ins Gespräch zu kommen. Sei es auf dem Ball in Ihrer Wirtschaftsregion, den Tagungen im Frühjahr oder dem Bundesball in Berlin, auf dem sich viele Preisträger treffen. Und natürlich freuen Sie sich, wenn Ihr Unternehmen die nächste Auszeichnung bekommt. Doch hier zählt der olympische Gedanke: das Wichtigste ist nicht der Sieg, sondern die Teilnahme.

Übrigens: die ersten beiden Preise des Wettbewerbs „Finalist" und „Preisträger", werden in Ihrer eigenen Wirtschaftsregion vergeben. Sobald Sie Preisträger sind, finden Ihre potenziellen nächsten Auszeichnungen in Berlin auf dem Bundesball statt.

Die Pyramide

Die Auszeichnung „Großer Preis des Mittelstandes" geht in erster Linie an mittelständische Unternehmen. Da es jedoch auch Kommunen und Banken gibt, die strukturell und meist regional bezogen zur Stärkung des Mittelstandes beitragen, werden seit 1999 auch hier herausragende Einrichtungen und Persönlichkeiten für ihre Leistungen entsprechend mit Sonderpreisen gewürdigt.

4.2 Die Unternehmensauszeichnungen

Unternehmen können insgesamt sechs verschiedene Auszeichnungen erhalten. Wobei die höchste, die Premier-Ehrenplakette, mehrmals erworben werden kann –sofern das Unternehmen die hohen Anforderungen erfüllt.

Der Wettbewerb beginnt mit dem Preis als „Finalist".

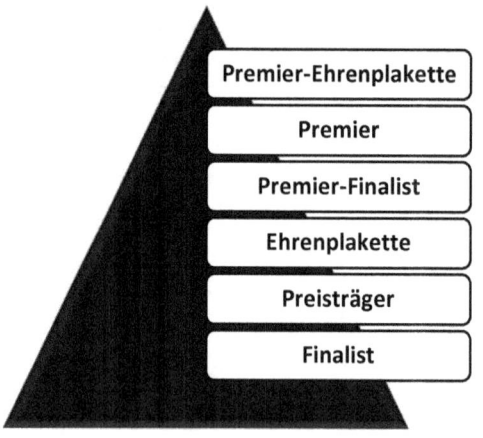

Abbildung 12: Die sechs verschiedenen Unternehmenspreise

Art der Auszeichnung	Inhaltliche Bedeutung	Ort der Auszeichnung
Finalist	Erfüllt die fünf Wettbewerbskriterien fast so deutlich wie die Preisträger.	Ball in einer der Wettbewerbsregionen
Preisträger	Erfüllt die fünf Wettbewerbskriterien am deutlichsten.	Ball in einer der Wettbewerbsregionen
Ehrenplakette	Für überragende Leistungen aktueller oder früherer Preisträger.	Ball in Berlin
Premier-Finalist	Preisträger, dessen Auszeichnung mindestens zwei Jahre zurückliegt und der sich bedeutend weiterentwickelt hat.	Ball in Berlin
Premier	Preisträger, dessen Auszeichnung mindestens zwei Jahre zurückliegt und der sich sehr bedeutend weiterentwickelt hat.	Ball in Berlin
Premier-Ehrenplakette	Preisträger oder Premier mit einer überragenden Unternehmensentwicklung.	Ball in Berlin

Abbildung 13: Erläuterung der Auszeichnungen

4.3 Die Pyramide der Sonderpreise

Banken und Kommunen kommt eine Schlüsselrolle bei der Förderung der regionalen Wirtschaft zu. Je nachdem, ob sie eher als Katalysator oder Bremsklotz wirken, fördern oder behindern sie die erfolgreiche Entwicklung der Unternehmen in ihrer Region. Angefangen vom Ausweis der Gewerbegebiete über attraktive Steuermodelle und Fördermittel bis hin zur Verkehrsanbindung von Wohn- und Lebensräumen haben Kommunen einen großen Einfluss auf die Ansiedlungs- und Ausdehnungsquote heimischer Betriebe. Und Banken fördern dies durch ihre gelebte Kundennähe und die Art und Weise der Vergabe von Kapital. Sei es im klassischen Kreditgeschäft, über die Beschaffung von Mezzanine-Kapital bis hin zur Förderung von Startups in Kooperation mit anderen Einrichtungen.

Um die Verdienste von Kommunen und Banken zu würdigen, sieht der Wettbewerb „Großer Preis des Mittelstandes" für diese Einrichtungen folgende beiden Ehrungsstufen vor:

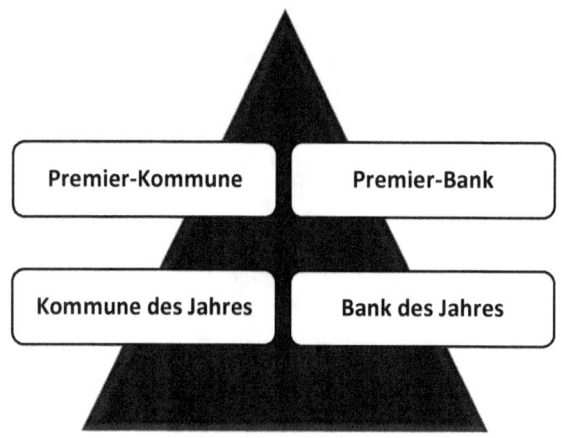

Abbildung 14: Pyramide der Sonderpreise

Art der Auszeichnung	Inhaltliche Bedeutung	Ort der Auszeichnung
Kommune des Jahres	Bestechend positive Leistungen zur Förderung mittelständischer Strukturen.	Ball in einer der Wettbewerbsregionen
Bank des Jahres	Herausragende Leistungen bei Aufbau und Pflege mittelständischer Wirtschaftsstrukturen.	Ball in einer der Wettbewerbsregionen
PremierKommune	Ehrung einer Kommune, die bereits als Kommune des Jahres ausgezeichnet wurde.	Ball in Berlin
PremierBank	Ehrung einer Bank, die bereits als Bank des Jahres ausgezeichnet wurde.	Ball in Berlin

Abbildung 15: Erläuterung der Sonderpreise

Bei näherer Betrachtung sehen Sie, dass es nicht beabsichtigt ist, Unternehmen, Banken oder Kommunen jedes Jahr automatisch auszuzeichnen. Zwar können besonders herausragende Leistungen unter der Zeit immer mit der Ehrenplakette geehrt werden. Doch im Sinne der Langfristigkeit und Nachhaltigkeit sind bewusst Zeitintervalle eingebaut.

Ein vom Autor 2013 nominiertes Unternehmen musste ganze zehn Jahre warten, bis es nach 2003 wieder an der

Reihe war und nun als Premier-Finalist ausgezeichnet werden konnte. Keine Frage, dass die Freude über diesen Preis überschwänglich ausfiel. Und das zeigt auch, dass die Preisvergabe sehr restriktiv erfolgt. Der Preis ist und bleibt etwas Besonderes.

Bemerkenswert

So mancher Hollywood-Größe reichte nur eine einzige Nominierung oder Auszeichnung, um eine Weltkarriere zu begründen.

Wichtig ist es dranzubleiben und jedes Jahr die Chance zu nutzen, vielleicht doch wieder auf dem Treppchen zu stehen. Und auf das zu hören, was den vier magischen Worten folgt, wenn es bei einem der Bälle heißt: *„Wir bitten nach vorne ...".*

„Nun ist der Ball bei Ihnen"

Ich hoffe, dass ich Ihnen Lust machen konnte, sich für den „Großen Preis des Mittelstandes" nominieren zu lassen. Es würde mich freuen, wenn Sie auch trotz mehrerer Anläufe bis zu Ihrer ersten Ehrung dabeibleiben. Nutzen Sie die vielfältigen Kontakt- und Geschäftsmöglichkeiten, die sich durch den Zugang zum Netzwerk der Besten ergeben. Und ich hoffe, dass ich Sie dafür begeistern konnte, die Wettbewerbskriterien nicht nur als Abtastfunktion, sondern als Benchmarking-Instrument zu begreifen, um so Ihr Unternehmen weiter zu perfektionieren.

Ich drücke Ihnen für den Wettbewerb beide Daumen und würde mich freuen, wenn wir uns auf einem der Bälle persönlich begegnen.

5. Arbeitshilfen

Auf den folgenden Seiten erhalten Sie konkrete Tipps, Anregungen, Hintergrundinformationen und Checklisten, damit Sie möglichst viel wissen, um Ihre Nominierung so erfolgversprechend wie möglich zu gestalten.

Doch es gilt der bekannte Spruch: *"Wie immer ohne Gewähr"*. Denn neben der Darstellung Ihres Unternehmens bestimmt das konkrete Umfeld an Unternehmen, wie gut Ihre Nominierung abschneidet. Allerdings kann ich Ihnen helfen, so wenig Fehler wie möglich zu machen, und das ist einiges. Denken Sie nur an den Sport: hier gewinnt man die meisten Spiele, indem man weniger Fehler als der Wettbewerber macht.

5.1 Was die Juroren interessiert

Erfahrungsgemäß ist die Unsicherheit beim Ausfüllen der Nominierungsunterlagen groß. Was und wie viel soll ich hineinschreiben?

Dazu sollten Sie wissen, dass die Juroren prinzipiell alle Daten lesen können. Gleichzeitig sind sie nicht in der Lage, Tausende von Seiten genau zu erfassen. Und daher bekommt jeder Juror auch eine Kurzversion mit allen Inhalten auf zwei Seiten, um sich einen ersten Überblick zu verschaffen und das Unternehmen verdichtet zu erfassen.

Bei Ihren Ausführungen sollten Sie das Wichtigste also möglichst an den Anfang Ihrer Ausführung stellen: kurz, knackig und präzise. So dass der Juror bereits beim ersten Eindruck zur Erkenntnis kommt, dass Ihre Firma auf jeden Fall zur engeren Wahl gehört.

Arbeitshilfen

→ *Tipp 19:* Wenn Sie Ihre Nominierungsunterlagen um weiteres Anschauungsmaterial ergänzen wollen, beispielsweise mit Filmen, Druckunterlagen etc., so schicken Sie diese im Rahmen der Bearbeitung Ihrer Nominierungsunterlagen direkt an die Bundesgeschäftsstelle der Oskar-Patzelt-Stiftung in Leipzig.

Die Juroren sind geübte Profis. Das heißt, dass sie in besonderem Maße neben den blanken Zahlen, Maßnahmen und Erfolgen auch immer Ihre ganz speziellen Planungen, Überlegungen und Hintergründe interessieren. Wie ist Ihnen etwas gelungen? Wie war das Umfeld? Warum war das wichtig? Was machen Sie als Nächstes? Und so weiter.

Das relativiert beispielsweise ein Wachstum von einem Prozent in einer stark rezessiven Branche im Vergleich zu zehn Prozent Wachstum in einer Branche, bei der gerade der gesamte Markt wächst.

Nutzen Sie also Ihre Nominierung, um der Jury auch den roten Faden Ihrer Unternehmensführung zu vermitteln. Das Geplante, das Erreichte und auch das noch nicht Erreichte. Das ist das „Fleisch am Knochen", das die Jury-Herzen höher schlagen lässt.

Insofern haben authentische Unternehmen, die für sich selbst noch Verbesserungspotenzial wahrnehmen, mindestens so gute Chancen wie perfekt durchgestylte Auftritte.

Und je kürzer und knapper es Ihnen gelingt, den Spirit in Ihrer Unternehmensführung aufzuzeigen, ohne das Wesentliche zu vernachlässigen, umso besser stehen Ihre Chancen, ganz weit vorne zu landen. – Eine allgemein gute Performance vorausgesetzt.

Nutzen Sie daher im Bereich Wettbewerb Biographie auch Felder wie Unternehmensidee, Schwierigkeiten, Ziele, Probleme, Lösungsansätze und Erfolge, um Ihr Unternehmen in das richtige Licht zu rücken. – Und unterschätzen Sie nicht die Bedeutung dieser einleitenden Hintergrundinformationen: mit ihnen entsteht der erste Eindruck.

Jedes Unternehmen ist ein soziologisches Gebilde und unterliegt - wie der lebende Organismus - dem Werden, dem Sein und dem Vergehen.
Ich schließe daraus: Solange ein Unternehmen noch im Werden ist, können wir nicht vergehen. Darum ist Wachstum so wichtig. Stillstand ist Rückschritt und der erste Schritt zum Grab. Aber niemand wird lebendig begraben - und da unser 75 Jahre junges Unternehmen so frisch, vital und voller Unternehmungslust ist, wird ihm noch eine blühende Zukunft bevorstehen.
Reinhold Würth

5.2. Benchmarking-Checkliste mit 199 + 1 Impulsen zu den fünf Wettbewerbskriterien

Überblick

Das Ausfüllen der Nominierungsunterlagen umfasst sechs Bereiche. Der Bereich Allgemeines liefert überwiegend qualitative Hintergrundinformationen zum Unternehmen, ohne Einfluss auf das Ergebnis. Er trägt jedoch maßgeblich zum besseren Verständnis des Unternehmens bei.

Die anderen fünf Bereiche fließen in das Jury-Urteil ein.

Themenfelder	Rating-relevant
Allgemeines	nein
1. Gesamtentwicklung des Unternehmens	ja
2. Schaffung und Sicherung von Arbeits- und Ausbildungsplätzen	ja
3. Innovation und Modernisierung	ja
4. Engagement in der Region	ja
5. Service und Kundennähe (Marketing)	ja

Abbildung 16: Die Themenfelder

Die nun folgenden Checklisten zeigen Ihnen zum einen auf, was mit den jeweiligen Punkten gemeint ist, und zum anderen stellen sie Ihnen Fragen, um Ihnen Anhaltspunkte zu liefern, mit welchen Zusatz- und Hintergrundinformationen Sie diese Punkte versehen könnten, sofern es dazu etwas zu berichten gibt.

Bemerkung zu den Checklisten mit den 199+1 Impulsen
„Das ist für uns selbstverständlich. Da reden wir gar nicht mehr darüber. Das hätten wir jetzt nicht extra aufgeführt!" – Damit in der Hitze des Gefechts genau das nicht passiert und Sie nichts Wichtiges beim Ausfüllen der Nominierungsunterlagen übersehen, gibt es die nun nachfolgende Checklisten-Batterie.

Sie soll Ihnen Ideen-Vorlagen und Impulse liefern, von denen Sie die passendsten nutzen können, um Ihre Erläuterungen etwas näher auszuführen. Diese Vorlagen sind keine Phantasiegebilde, sondern orientieren sich an den Profilen zahlreicher nominierter und ausgezeichneter Unternehmen, wie sie die Oskar-Patzelt-Stiftung im Lauf der Jahre ausgewertet hat.

Bitte beachten Sie, dass Sie nur zu den Punkten etwas schreiben sollten, bei denen Sie auch etwas Wissenswertes zu berichten haben. Achten Sie dabei auf Kürze und vermeiden Sie Wiederholungen.

Die Checklisten sind mehrheitlich so aufgebaut, dass Sie sofort mit einer „ja-nein"-Antwort erkennen, ob das Thema auf Sie zutrifft. Nun sind die Juroren natürlich mit einem einfachen „Ja" nicht zufrieden, sondern würden gerne etwas mehr erfahren. Fassen Sie daher jeweils die wichtigsten Aspekte kurz zusammen.

Trotz der über 199 einzelnen Checklistenpunkte ist die Liste sicher nicht als vollständig zu interpretieren. Dazu sind Unternehmen viel zu differenziert und facettenreich

Arbeitshilfen

am Markt tätig. Sie können, dürfen und sollen daher die Liste jederzeit um andere, Ihnen wichtige Themen und Blickwinkel ergänzen.

→ *Tipp 20: Manche Themen und Fragen gehen ans Eingemachte, ja mitunter in Geschäftsgeheimnisse. Diese müssen Sie nicht preisgeben. Bleiben Sie an diesen Stellen eher allgemein.*

Beispiel: Es ist ausreichend, wenn Sie schreiben, dass Sie den Markt in verschiedene Segmente einteilen, nach Alters- und Anwendergruppen unterteilt. Sie müssen weder die Anzahl der Segmente noch das konkrete Alter noch das spezifische Anwenderverhalten beschreiben.

Der echte Mehrwert: Die Checkliste als Benchmarking-Instrument

Unabhängig vom Ausfüllen der Nominierungs-Unterlagen können Sie jeden einzelnen der über 199 Punkte in den Checklisten verwenden, um Ihr Unternehmen dahingehend zu überprüfen, wo es steht.

So sehen Sie, wo noch Handlungsbedarf besteht. Bedenken Sie dabei, dass die Preisträger beim „Großen Preis des Mittelstandes" mit jeder Auszeichnungsstufe zu immer mehr Themen etwas zu berichten wissen. So können Sie davon ausgehen, dass die Träger der Premier-Ehrenplakette zu rund 90 Prozent der in der Benchmarking-Checkliste gestellten Themen herausragend Positives berichten können.

→ *Tipp 21: Bedenken Sie, dass „ja" oder „nein" immer nur den ersten Hinweis gibt, den Sie dann am besten mit Ihren Sätzen bei den Bemerkungen und Erläuterungen ergänzen – kurz und knapp.*

Allgemeines

Mit diesen Informationen gewinnt die Jury einen ersten, groben, quantitativen Eindruck vom Unternehmen.

Themenfelder	Was die Jury interessiert
Branche, Produkte	In welchem Bereich ist das Unternehmen aktiv?
Gründungsjahr	Seit wann existiert das Unternehmen?
Gesellschafter	Wem gehört das Unternehmen?
Firmenbiographie	Wie entwickelte sich das Unternehmen?
Unternehmensidee	Was war die grundsätzliche Unternehmensidee, Vision, Mission?
Schwierigkeiten	Welche großen Schwierigkeiten galt es zu überwinden?
Partnerhilfe	Welche Partner halfen dabei?
Probleme, Lösungen	Was sind die aktuellen Probleme? Und wie planen Sie, sie zu lösen?
Erfolge	Was sind die bislang größten Erfolge?
Ziele	Wie lauten die wichtigsten Ziele für die nächsten drei Jahre?

Abbildung 17: Die Themenfelder zum Bereich Allgemeines

Der Bereich Allgemeines beschreibt Ihr Unternehmen, ohne ins Detail zu gehen. Er gibt der Jury ein Gefühl dafür, in welchen Bereichen Sie sich bewegen, wo Sie herkommen und mit welchen Themen Sie sich beschäftigen.

Arbeitshilfen

Benchmarking-Checkliste zum Bereich Allgemeines

Mit diesen Informationen gewinnt die Jury einen Einblick in die Mission des Unternehmens und kann damit auch viele der später folgenden Punkte besser zuordnen und einschätzen.

	Allgemeines	ja	nein
1	Lässt sich das Leistungsangebot für Ihre Branche bezeichnen? Wenn ja, wie?	☐	☐
2	Lässt sich aus dem Gründungsdatum ein Jubiläum oder eine Pioniertat ableiten? Dann lassen Sie es im Punkt „Biographie" einfließen.	☐	☐
3	Lässt sich aus der Gründungszeit eine kurze, spannende Geschichte bauen? Falls ja, bei „Biographie" einfließen lassen.	☐	☐
4	Welche Fakten/ Eckdaten/ Hintergrundinformationen sind noch wichtig?		
5	Sind Sie Alleingesellschafter? Falls nein, wer ist der Gesellschafterkreis?	☐	☐
6	Verfügen Sie über Filialen oder sind Sie selbst eine autarke Tochter? Wie verzweigt ist Ihr Unternehmen?	☐	☐
7	Bestehen Entscheidungsabhängigkeiten? Wenn ja, zu wem, in welchem Ausmaß?	☐	☐
8	Wem bzw. zu wem gehört das Unternehmen? Ist es ein Mittelständler?	☐	☐
9	Wie hoch ist das Stammkapital? Passt es in der Höhe zu den Erträgen und Aufwendungen, die das Unternehmen bewegt?	☐	☐

Die Fülle der Fragen hilft Ihnen dabei, genügend „Fleisch" an die reinen „Zahlen-Knochen" zu bekommen.

Allgemeines -Fortsetzung	ja	nein
10 Gab es eine Eingebung oder Zündfunken? Aus welcher Situation oder Idee heraus entstand das Unternehmen?	☐	☐
11 Gegen welche Unwägbarkeiten/ Widrigkeiten/ Vorurteile mussten Sie kämpfen? Wie meisterten Sie diese?	☐	☐
12 Gab es helfende Hände? Auf welche Partner konnten Sie sich wie stützen?	☐	☐
13 Gibt es momentan Widrigkeiten und Herausforderungen, die sie beschäftigen? Wenn ja, welche?	☐	☐
14 Gibt es schon erste Lösungen? Wie wollen Sie die aktuellsten Probleme lösen?	☐	☐
15 Gab es im letzten Jahr richtige Highlights? Worin bestanden für Sie und Ihr Unternehmen die größten Erfolge im letzten Jahr und warum?	☐	☐
16 Haben Sie Ziele für die nächsten drei Jahre? Qualitativ und quantitativ? Wenn ja, beschreiben Sie sie kurz.	☐	☐

Diese Informationen dienen der Jury ausschließlich als Hintergrundinformation, um den Unternehmenskontext besser zu verstehen. Die Informationen haben keinen Einfluss auf das Ratingergebnis.

→ *Tipp 22: Sehen Sie die Biographie als Chance, um Emotionen und Sympathien für Ihr Unternehmen aufzubauen. Denken sie an Beispiele wie David gegen Goliath, Robin Hood, Phönix aus der Asche, Asterix und Obelix. Wir alle mögen Geschichten, bei denen wir uns mit dem Titelhelden solidarisieren können – auch Juroren.*

Arbeitshilfen

Wettbewerbskriterium 1 – Gesamtentwicklung des Unternehmens

Themenfelder	Was die Jury interessiert
Umsatzentwicklung seit vier Jahren und eine Prognose	Wie bewegt sich das Unternehmen.
Ertragsentwicklung seit vier Jahren und eine Prognose	Wie verhält sich die Ertragsentwicklung.
Eigenkapitalentwicklung seit vier Jahren und eine Prognose	Wie entwickelt sich die Eigenkapitalquote.
Investitionsentwicklung seit vier Jahren und eine Prognose	Wie viel wird investiert.
Wettbewerbssituation/ Ergänzungen	Erläutern Sie die Gründe für die vorherigen Entwicklungen.
Alleinstellung	Worin liegt die Alleinstellung.
Kooperation	Mit wem wird kooperiert.
Risikomanagement	Vorsicht und Weitsicht.
Qualitäts-Management-System	Wie wird die Qualität gesichert.

Abbildung 18: Die Themenfelder zum Wettbewerbskriterium 1

Für die Beantwortung dieser Themen sind zum Teil die blanken Zahlen, zum Teil kurze Antworten, zum Teil Bemerkungen und Erläuterungen erwünscht.

Benchmarking-Checklisten
zum Wettbewerbskriterium 1

1.1 Umsatzentwicklung	ja	nein
1 Hat der Umsatz eine steigende Tendenz?	☐	☐
2 Wächst er schneller als der Markt?	☐	☐
3 Wächst das Unternehmen schneller als die Branche?	☐	☐
4 Worauf lässt sich diese Entwicklung im Kern zurückführen?		
5 Gibt es Schwankungen, schwächere Jahre?	☐	☐
6 Finden sich hierfür nachvollziehbare Gründe? Und wenn ja, welche?	☐	☐

1.2 Ertragsentwicklung	ja	nein
1 Ist die Ertragsentwicklung steigend?	☐	☐
2 Liegt sie über dem Umsatzwachstum?	☐	☐
3 Liegt sie über dem Schnitt der Branche?	☐	☐
4 Wo liegen die großen Wertschöpfungsstellschrauben?		
5 Wofür werden die Gewinne genutzt?		
6 Gibt es Schwankungen, schwächere Jahre?	☐	☐
7 Finden sich hierfür nachvollziehbare Gründe? Und wenn ja, welche?	☐	☐

Arbeitshilfen

1.3 Eigenkapitalentwicklung | ja | nein

1. Ist das Stammkapital ausreichend? ☐ ☐
2. Ist die Eigenkapitalquote stabil, steigend? ☐ ☐
3. Werden Kosten, Prozesse kontinuierlich überprüft und optimiert? ☐ ☐
4. Gibt es eine Reinvestitions- und Ausschüttungspolitik? Wenn ja, welche? ☐ ☐
5. Gibt es die „Strategie der kleinen Schritte": nur das tun, was auch finanzierbar ist? ☐ ☐
6. Spielt die Regel der goldenen Bilanz eine Rolle? Wenn ja, welche? ☐ ☐

1.4 Investitionsentwicklung | ja | nein

1. Verläuft die Investitionsentwicklung ähnlich wie Umsatz und Ertrag? ☐ ☐
2. Gibt es eine Investitionspolitik? Wenn ja, welche? ☐ ☐
3. Lassen sich die Investitionen nach Immobilien, Produkt, Produktion, Know-how, Infrastruktur etc. aufteilen? ☐ ☐
4. Lässt sich ein Verhältnis der Investitionen in Strukturen, Produkte, Human-Kapital ausmachen? Wenn ja, welches? ☐ ☐
5. Gibt es andere Bereiche, in die das Unternehmen noch investiert? Wenn ja, welche und warum? ☐ ☐
6. Gibt es eine Korrelation zwischen Investition und Gewinn? Wenn ja, welche? ☐ ☐

1.5 Alleinstellung	ja	nein
1	Gibt es eine oder mehrere Kernkompetenzen?	☐	☐
2	Gibt es Alleinstellungsvorteile?	☐	☐
3	Wird diese Alleinstellung von Dritten anerkannt? Z.B. durch Auszeichnungen.	☐	☐
4	Was genau macht den Unterschied zu den Mitbewerbern aus?		
5	Wird diese Alleinstellung weiter ausgebaut? Wenn ja, wie?	☐	☐
6	Spielen Strategien wie Innovation, Kosten, Markt, Qualität, Time-to-Market etc. eine Rolle? Wenn ja, welche?	☐	☐
7	Gibt es weitere Vorsprünge im Bereich Markt, Organisation, Marketing etc.?	☐	☐

1.6 Kooperation	ja	nein
1	Zählt Kooperation zur Unternehmensstrategie?	☐	☐
2	Gibt es Gründe für die Kooperation(en)? Wenn ja, welche?	☐	☐
3	Gibt es Ziele für die Kooperation? Wenn ja, welche?	☐	☐
4	Gibt es Einrichtungen, mit denen das Unternehmen kooperiert? Wenn ja, welche?	☐	☐
5	Welche Arten von Kooperationen nutzt das Unternehmen? F & E, Einkauf etc.		
6	Gibt es Kooperationserfolge? Wenn ja, welche?	☐	☐

Arbeitshilfen

1.7 Risikomanagement	ja	nein
1	Verfügt das Unternehmen über ein standardisiertes Risikomanagement?	☐	☐
2	Gibt es Wiedervorlage-Schemas für die diversen Risikobereiche?	☐	☐
3	Existieren Notfall- und Ausfallpläne im Hinblick auf Mensch, Markt und Maschine?	☐	☐
4	Welche Risikoszenarien werden wie regelmäßig und detailliert durchgespielt?	☐	☐
5	Welche Hierarchieebenen sind auf welche Weise eingebunden?	☐	☐

1.8 QMS	ja	nein
1	Arbeiten Sie mit einem Qualitäts-Management-System?	☐	☐
2	Falls ja, mit welchen Systemen arbeiten Sie?		
3	Welche Erfolge führen Sie darauf zurück?		
4	Ist TQM in Ihrem Unternehmen ein Thema?	☐	☐
5	Falls ja, wie schaffen Sie es, das ganze Unternehmen auf TQM einzuschwören?		
6	Wie signifikant haben sich Ihre Qualitätskennzahlen verändert?		

Die zahlreichen Fragen und vor allem die dazu passenden Antworten unterstützen Sie dabei, die Nominierungsunterlagen effizient und punktgenau auszufüllen.

Wettbewerbskriterium 2 – Schaffung und Sicherung von Arbeits- und Ausbildungsplätzen

Themenfelder	Was die Jury interessiert
Mitarbeiter seit vier Jahren und eine Prognose	Wie sich die Beschäftigtenzahl entwickelte.
Auszubildende seit vier Jahren und eine Prognose	Wie hoch die Zahl der Auszubildenden ist.
Praktikanten/ Werkstudenten seit vier Jahren und Prognose	Wie hoch die Zahl der Praktikanten/ Werkstudenten ist.
Personalinstrumente	Mit welchem Arbeitsmarkt es das Unternehmen zu tun hat.
Weiterbildung	Wie das Unternehmen die Mitarbeiter qualifiziert.
Mitarbeiterbegeisterung	Wie das Unternehmen Mitarbeiter zur Höchstleistung bringt.
Führungskultur	Wie reflektiert die Führung im Unternehmen erfolgt.

Abbildung 19: Die Themenfelder zum Wettbewerbskriterium 2

Mit diesem Kriterium wollen die Juroren hinterfragen, welche personalpolitischen Impulse und Initiativen von dem Unternehmen ausgehen. Neben den quantitativen Werten spielen auch die Softfacts eine gewichtige Rolle.

In vielen Unternehmensleitbildern steht der Mensch im Mittelpunkt. Doch was tun die Unternehmen kurz-, mittel- und langfristig tatsächlich, um diesen Worten auch Taten folgen zu lassen?

Arbeitshilfen

**Benchmarking-Checklisten
zum Wettbewerbskriterium 2**

2.1 Mitarbeiter	ja	nein
1	Welche Art von Arbeitsplätzen wird geschaffen? Vollzeit, Teilzeit, Verwaltung, Produktion, Home Office etc.	☐	☐
2	Wie werden die Arbeitsplätze besetzt? Z.B. Mitarbeiter insolventer Unternehmen.	☐	☐
3	Gibt es spezielle Programme zur Übernahme von Leiharbeitern, Werkstudenten, Praktikanten, Diplomanden, Umschülern?	☐	☐
4	Werden Fördermöglichkeiten genutzt? Wenn ja, welche?	☐	☐
5	Gibt es eine mehrjährige Personal- und Stellenplanung?	☐	☐

2.2 Auszubildende/ Werkstudenten	ja	nein
1	Besteht eine eigene Ausbildungsabteilung?	☐	☐
2	Wird eine Übernahmegarantie angeboten?	☐	☐
3	Erfolgt die Ausbildung für den Eigenbedarf?	☐	☐
4	Bestehen Kooperationen/ Initiativen, um Auszubildende/ Werkstud. zu gewinnen?	☐	☐
5	Werden Auszubildende/ Werkstudenten insolventer Betriebe übernommen?	☐	☐
6	Wird Praktikanten, Umschülern eine Ausbildung angeboten?	☐	☐

2.3 Weiterbildung	ja	nein
1 Existiert ein Personalentwicklungsprogramm? Falls ja, mit welchen Zielen und Inhalten?	☐	☐
2 Lässt sich ein Budget (monetär und zeitlich) angeben, das in die Mitarbeiter investiert wird?	☐	☐
3 Lassen sich die Veränderungen und Ergebnisse aus diesen Maßnahmen beschreiben?	☐	☐
4 Werden Beurteilungssysteme wie Mitarbeiter-/Vorgesetztenbeurteilung genutzt?	☐	☐
5 Spielen E-Learning oder andere Lernformen eine Rolle? Wenn ja, welche?	☐	☐

2.4 Mitarbeiterbegeisterung	ja	nein
1 Gibt es personalpolitische Modelle wie Jahreszeitkonten, Betriebsrente, Beteiligungsmodelle etc.? Wenn ja, welche?	☐	☐
2 Existieren präventive Programme im Bereich Gesundheit? Wenn ja, welche?	☐	☐
3 Fördern Sie gemeinsame Events? Wenn ja, welche?	☐	☐
4 Mit welchen Initiativen erhöhen Sie die Bindung der Mitarbeiter an das Unternehmen?		
5 Berichten die Mitarbeiter über das Unternehmen positiv? Wenn ja, wie und auf welchen Kanälen im Social Web?	☐	☐
6 Qualitätszirkel, Innovationskreise, Vorschlagswesen etc.: wie bringen die Mitarbeiter ihre Ideen ein?		

Arbeitshilfen

2.5 Führungskultur	ja	nein
1 Welche Ziele verfolgt die Organisationsform?	☐	☐
2 Werden Führungskräfte systematisch entwickelt? Wenn ja, wie?	☐	☐
3 Ist die gegenseitige Vertretbarkeit gesichert? Wenn ja, wie?	☐	☐
4 Gibt es ein Leitbild? Falls ja, wie werden die Führungskräfte auf dessen Einhaltung und Umsetzung gebrieft?	☐	☐
5 Wie erleben die Mitarbeiter die Führungskultur im Unternehmen?	☐	☐
6 Gibt es Initiativen, um die Führungskultur weiterzuentwickeln? Wenn ja, welche und wie?	☐	☐
7 Nimmt die Führungskultur einen strategischen Wettbewerbsvorteil ein? Wenn ja, welchen und wie?	☐	☐
8 Wie verhindern Sie den Know-how-Abfluss beim Weggang langjähriger Mitarbeiter?		
9 Stellt sich das Unternehmen dem „War of Talents"? Wenn ja, wie?	☐	☐

Sie haben in der Nominierungsunterlage die Möglichkeit, die spezielle Situation Ihres Arbeitsmarktes darzulegen, um mit Hintergrundinformationen Ihre Personalpolitik noch besser zu beschreiben.

Wettbewerbskriterium 3 – Innovation und Modernisierung

Themenfelder	Was die Jury interessiert
FuE-Aufwendungen seit vier Jahren u. Progn.	Wie sich der Betrag entwickelte.
Produktinnovationen	Welche Produkte entwickelt werden.
Prozessinnovationen	Mit welchen neuen Verfahren das Unternehmen punktet.
Marken, Muster, Patente	Welche Rolle diese Themen spielen.
Technische Modernisierung	Wie „Up to Date" das Unternehmen ist.
Zertifizierung	Ob sich das Unternehmen der Zertifizierung widmet.
Diplome	Inwieweit Diplomarbeiten Innovationsbausteine sind.
Innovationsförderung	Wie Mitarbeiter zur Ideenfindung beitragen.

Abbildung 20: Die Themenfelder zum Wettbewerbskriterium 3

Arbeitshilfen

Benchmarking-Checklisten zum Wettbewerbskriterium 3

3.1 FuE-Aufwendungen	ja	nein
1	Wie hat sich das Budget in den letzten vier Jahren verändert?	☐	☐
2	Gibt es eine Budgetüberlegung? Wonach bemisst sich die Höhe dieses Budgets?	☐	☐
3	Liegt das Budget im Vergleich zur Branche darüber? Und wie ist das zu werten?	☐	☐
4	Stellen Sie sich dem technologischen Wandel? Wenn ja, wie?	☐	☐
5	Treiben Sie den technologischen Wandel selbst voran? Wenn ja, wie?	☐	☐
6	Welcher Art von FuE widmet sich das Unternehmen: Grundlagen-, Marktforschung, Neuentwicklung etc.		
7	Verfügt das Unternehmen über eine eigene FuE-Abteilung? In welcher Größe?	☐	☐
8	Gibt es bestimmte Bereiche für die FuE-Schwerpunkte? Wenn ja, welche: Grundlagen, Weiterentwicklung etc.	☐	☐
9	Gibt es bestimmte Forschungsgegenstände? Wenn ja, welche: Produkte, Maschinen, Verfahren etc.	☐	☐
10	Gibt es unternehmenstypische Besonderheiten? Wenn ja, welche?	☐	☐
11	Spielen Kooperationen eine Rolle? Wenn ja, welche?	☐	☐

3.2 Produktinnovationen	ja	nein
1	Wie lassen sich die aktuellen Produkte bzw. die Weiterentwicklung beschreiben?		
2	Ermöglicht dieses Produkt einen Fortschritt? Wenn ja, welchen?	☐	☐
3	Waren an der Entwicklung Kooperationspartner beteiligt? Wenn ja, welche?	☐	☐
4	Ist es eher eine Applikation oder eine echte Innovation?	☐	☐
5	Arbeitet das Unternehmen mit einem Entwicklungsplan, kurz- mittel- und langfristig?	☐	☐
6	Haben Sie in den vergangenen zwei Jahren neue Produkte eingeführt? Wenn ja, welche?	☐	☐
7	Bestehen diese Produkte noch am Markt?	☐	☐
8	Ist deren Umsatzanteil für das Unternehmen wichtig? Wenn ja, wie hoch ist er?	☐	☐
9	Ist Ihr Unternehmen auf Neueinführungen angewiesen? Wenn ja, warum und in welchem Maße? Wenn nein, warum nicht?	☐	☐
10	Wie groß ist der Anteil der Produkte am Markt, die jünger als vier Jahre sind?	☐	☐
11	Worin liegen die großen Vorteile der Neueinführung? Ertrag, Image etc.?	☐	☐

Arbeitshilfen

3.3 Prozessinnovationen — ja / nein

1. Beschreiben Sie neue Prozess-, Verfahrensentwicklungen.
2. Was soll damit erreicht werden?
3. Waren Kooperationspartner beteiligt? Wenn ja, welche, für welche Aspekte? ☐ ☐
4. Was zeichnet das neue Verfahren aus?
5. Wie haben sich bislang Prozess- und Verfahrensentwicklungen auf das Unternehmen ausgewirkt?
6. Welchen Stellenwert messen Sie der Verfahrensentwicklung bei? Warum?

3.4 Marken, Muster, Patente — ja / nein

1. Haben Marken, Muster, Patente für Ihr Unternehmen einen hohen Stellenwert? Erläutern Sie Ihre Einschätzung. ☐ ☐
2. Verfügen Sie über einen festen Pfad? Wie kommen Sie zu neuen Marken, Mustern, Patenten? ☐ ☐
3. Sind derzeit schützenswerte Objekte in der Registrierungsphase? Falls ja, welche, wie viele?* ☐ ☐
4. Über wie viele Marken, Muster, Patente verfügt das Unternehmen?
5. Spielt die Vergabe von Patenten/Lizenzen eine Rolle in Ihrem Geschäftsmodell? Wenn ja, welche? ☐ ☐

*: Sie müssen hier nicht Ihre „heißen Eisen" oder Geschäftsgeheimnisse preisgeben. Es reicht, wenn Sie es allgemein beschreiben.

3.5 Technische Modernisierung	ja	nein
1 Beschreiben Sie Art und Umfang der produktspezifischen Modernisierungsmaßnahmen: Maschinen und Anlagen, Geräte und Werkzeuge, Technik und Technologien, Verfahren/Prozesse Automatisierung, Lagersysteme.		
2 Beschreiben Sie Art und Umfang der peripheren Modernisierungsmaßnahmen: Neu- und Ausbau, Arbeitsbedingungen, Arbeitsmittel etc.		
3 Beschreiben Sie Art und Umfang der Modernisierungsmaßnahmen: Service, IT, Werbung etc.		
4 Beschreiben Sie Art und Umfang der Modernisierungsmaßnahmen im Bereich Umweltschutz und Energieeffizienz.		
5 Wo setzen Sie die Schwerpunkte und wo geht aus Ihrer Sicht der Trend hin?		
6 Tragen Sie den Themen Ökologie, Ressourcenschonung und Nachhaltigkeit Rechnung? Wenn ja, wie?	☐	☐

3.6 Zertifizierungen	ja	nein
1 Haben Zertifizierungen in Ihrem Unternehmen einen hohen Stellenwert? Begründen Sie Ihre Einschätzung.	☐	☐
2 Gibt es Zertifizierungen? Wenn ja, welche? Was hat sich dadurch in Ihrem Unternehmen verändert?	☐	☐
3 Gibt es unternehmenstypische Besonderheiten? Wenn ja, welche?	☐	☐

Arbeitshilfen

3.7 Diplom-/ Masterarbeiten	ja	nein
1 Nutzen Sie Diplom-/ Masterarbeiten, um Innovationen voranzutreiben? Begründen Sie Ihre Antwort.	☐	☐
2 Wie viele Diplom-/ Masterarbeiten vergeben Sie jährlich, mit welchen Themenschwerpunkten?		
3 Konnten Sie mit den Diplom-/ Masterarbeiten Durchbrüche erzielen? Welche?	☐	☐

3.8 Innovationsförderung	ja	nein
1 Nutzen Sie das Know-how der Mitarbeiter systematisch, um innovativ zu sein? Begründen Sie Ihre Antwort.	☐	☐
2 Arbeiten Sie mit innovationsfördernden Methoden? Wenn ja, mit welchen?	☐	☐
3 Nutzen Sie strategische Werkzeuge wie den morphologischen Kasten, TRIZ und ähnliche? Begründen Sie Ihre Antwort.	☐	☐
4 Auf welche Weise erzielten Sie die besten Innovationen?		
5 Nutzen Sie externe Quellen zur Innovationsförderung? Wenn ja welche, mit welchen Erfolgen?	☐	☐
6 Gibt es unternehmenstypische Besonderheiten? Wenn ja, welche?	☐	☐

Die vielen Themen und Perspektiven sind durchaus anspruchsvoll. Doch denken Sie daran: die mehrfach ausgezeichneten Unternehmen haben meist zu über 90 % der Fragen die Antworten gefunden und sie in ihren Unternehmen entsprechend umgesetzt.

Wettbewerbskriterium 4 – Engagement in der Region

Themenfelder	Das interessiert die Jury
Schulische Bildung/ Erziehung	Wie engagiert sich das Unternehmen bei Schülern und Studenten.
Soziales und Gesundheit	Wie engagiert sich das Unternehmen im Bereich Soziales und Gesundheit.
Sport	Was tut das Unternehmen im Bereich Sport.
Kultur und Volksfeste	Wie aktiv ist es im Bereich Kultur, Volksfest.
Nachhaltigkeit	Wie aktiv ist es im Denkmal- und Naturschutz.
Ehrenamt	Wie treten Mitarbeiter und Führung außerhalb des Unternehmens auf.

Abbildung 21: Die Themenfelder zum Wettbewerbskriterium 4

Was tut das Unternehmen für die Region, in der es beheimatet ist?

Erfahrungsgemäß ist das Wettbewerbskriterium 4 dasjenige, das nicht selten die Spreu vom Weizen trennt. Denn viele Unternehmen sind operativ so von ihren Aufgaben gefangen genommen, dass sie weder nach links noch nach rechts schauen, während andere es nicht nur als ihre Pflicht, sondern auch als ehrenvolle Aufgabe sehen, im Rahmen ihrer Möglichkeiten Gutes in ihrer Region zu unternehmen.

Arbeitshilfen

Benchmarking-Checklisten zum Wettbewerbskriterium 4

4.1 Schulische Bildung/ Erziehung	ja	nein
1	Engagiert sich das Unternehmen bei Schulen und Hochschulen? Wenn ja, bei welchen Einrichtungen, auf welche Weise?	☐	☐
2	Stellt das Unternehmen sein Wissen bei Akademien, Arbeitskreisen, Prüfungsausschüssen zur Verfügung? Wenn ja, bei welchen Einrichtungen, auf welche Weise?	☐	☐
3	Gibt es gemeinsame Veranstaltungen, Sponsoraktivitäten etc. Wenn ja, welche?	☐	☐

4.2 Soziales und Gesundheit	ja	nein
1	Engagiert sich das Unternehmen mit und für soziale Einrichtungen? Wenn ja, bei welchen Einrichtungen, auf welche Weise?	☐	☐
2	Greift das Unternehmen das Thema „Gesundheit" aktiv auf? Wenn ja, wie?	☐	☐
3	Werden Mitarbeiter ermuntert, sich in diesem Bereich zu engagieren? Wenn ja, wie?	☐	☐

4.3 Sport | ja | nein

		ja	nein
1	Fördert das Unternehmen den Sport? Wenn ja, wie?	☐	☐
2	Gibt es Betriebssportgruppen? Wenn ja, welche?	☐	☐
3	Werden eigene Veranstaltungen/ Wettbewerbe durchgeführt? Wenn ja, welche?	☐	☐

4.4 Kultur und Volksfeste | ja | nein

		ja	nein
1	Fördert das Unternehmen kulturelle Objekte oder Veranstaltungen? Wenn ja, welche und wie?	☐	☐
2	Fördert das Unternehmen Volksfeste oder nimmt selbst daran teil? Wenn ja, welche und wie?	☐	☐
3	Werden in diesen Bereichen eigene Veranstaltungen oder Kooperationen durchgeführt? Wenn ja, welche?	☐	☐

4.5 Nachhaltigkeit | ja | nein

		ja	nein
1	Hilft das Unternehmen beim Schutz von Bauten? Wenn ja, bei welchen und wie?	☐	☐
2	Hilft das Unternehmen beim Schutz bestimmter Objekte, z.B.: Orgel, Plastiken? Wenn ja, welche und wie?	☐	☐
3	Hilft das Unternehmen beim Schutz der Natur, z.B.: Biotope, Naturdenkmäler? Wenn ja, bei welchen und wie?	☐	☐
4	Fördert das Unternehmen bestimmte Einrichtungen oder Ehrenämter in diesem Bereich? Wenn ja, welche und wie?	☐	☐

Arbeitshilfen

4.6 Ehrenamt	ja	nein
1 Wirken Führungskräfte und Mitarbeiter außerhalb des Unternehmens in ehrenamtlicher Funktion mit? Wenn ja, als was, bei welchen Einrichtungen?	☐	☐
2 Werden Mitarbeiter und Führungskräfte gezielt gefördert, dies zu tun? Wenn ja, wie?	☐	☐
3 Gibt es unternehmenstypische Besonderheiten? Wenn ja, welche?	☐	☐
4 Bei welchen Einrichtungen engagiert sich das Unternehmen ehrenamtlich und in welchen Funktionen?	☐	☐

Wettbewerbskriterium 5 – Service und Kundennähe (Marketing)

Themenfelder	Das will die Jury wissen
Kommunikationskonzept/ Strategie	Wie Ihr Konzept aussieht.
Corporate Design	Wie stringent und durchdacht Ihr „Outfit" ist.
Kundenservice	Welche Leistungen Sie bieten.
Kundennähe	Wie nah Sie an Ihren Kunden dran sind.
Ereignisse/ Events	Was die Highlights sind.
Messen/ Medien	Wo und wie Sie teilnehmen.
Marketingausgaben	Wie hoch Ihr Budget ist.

Abbildung 22: Die Themenfelder zum Wettbewerbskriterium 5

Mit diesem Themenfächer verschaffen sich die Juroren einen Einblick in die theoretische Systematik und praktisch gelebte Umsetzung des Marketings bei den nominierten Unternehmen.

Arbeitshilfen

Benchmarking-Checklisten zum Wettbewerbskriterium 5

5.1 Kommunikationskonzept/ Strategien

		ja	nein
1	Verfügt das Unternehmen über eine Marketing-Strategie? Wenn ja, welche? Beschreiben Sie wichtige Stellschrauben.	☐	☐
2	Segmentieren Sie Ihre Märkte und Zielgruppen? Wenn ja, wie?	☐	☐
3	Gibt es ein Kommunikationskonzept? Wenn ja, was sind die Eckpfeiler?	☐	☐
4	Gibt es eine Vertriebsstrategie? Wenn ja, beschreiben Sie die Stellschrauben.	☐	☐
5	Verfügen Sie über eine Corporate Identity? Falls ja, wie achten Sie auf die Umsetzung?	☐	☐
6	Nutzen Sie Employer-Branding? Wenn ja, wie?	☐	☐

5.2 Corporate Design

		ja	nein
1	Verfügen Sie über ein Corporate Design (CD)? Falls ja, beschreiben Sie die wichtigsten Elemente.	☐	☐
2	Verfügen Sie über eine Marken-Strategie? Wenn ja, was sind die wichtigsten Elemente?	☐	☐
3	Überprüfen Sie den CD-Beitrag zur Markenbildung? Falls ja, auf welche Art?	☐	☐
4	Folgt das CD einer bestimmten Logik? Falls ja, welcher?	☐	☐
5	Spielt CD für Ihr Unternehmen eine wichtige Rolle? Wenn ja, welche?	☐	☐

5.3 Kundenservice	ja	nein
1	Bieten Sie einen besonderen Kundenservice? Wenn ja, beschreiben Sie die wichtigsten Elemente.	☐	☐
2	Weiß der Kunde diesen Service zu schätzen? Falls ja, woran machen Sie das fest?	☐	☐
3	Überprüfen Sie den Beitrag des Kundenservices zum Gesamterfolg regelmäßig? Wenn ja, wie?	☐	☐
4	Gibt es eine Strategie, der der Kundenservice folgt? Wenn ja, beschreiben Sie die wichtigsten Elemente.	☐	☐
5	Spielt Kundenservice für Ihr Unternehmen eine wichtige Rolle? Begründen Sie Ihre Einschätzung.	☐	☐

5.4 Kundennähe	ja	nein
1	Sind Sie Ihren Kunden nahe? Wenn ja, beschreiben Sie die wichtigsten Elemente.	☐	☐
2	Geht es noch näher? Falls ja, wie sieht Ihre Vorstellung aus und was tun Sie hierfür?	☐	☐
3	Nutzen Sie Touchpoints? Falls ja, beschreiben Sie die wichtigsten bewusst gestalteten Berührungspunkte mit Ihren Kunden.	☐	☐
4	Spielen Empfehlungen für Ihr Unternehmen eine Rolle? Wenn ja, beschreiben Sie, wie Sie sie erreichen.	☐	☐
5	Ist der Kunde Ihr Entwickler? Falls ja, beschreiben Sie, wie Sie den Kunden einbinden.	☐	☐

Arbeitshilfen

	5.5 Ereignisse/ Events	ja	nein
1	Arbeiten Sie mit regelmäßigen, selbst organisierten Veranstaltungen? Wenn ja, mit welchen und wie oft?	☐	☐
2	Sind diese Veranstaltungen Teil der Marketingstrategie? Wenn ja, wie?	☐	☐
3	Überprüfen Sie den Beitrag dieser Veranstaltungen zum Gesamterfolg regelmäßig? Wenn ja, wie?	☐	☐
4	Tragen diese Veranstaltungen zur Markenbildung bei? Begründen Sie Ihre Einschätzung.	☐	☐
5	Spielen diese Veranstaltungen für Ihr Unternehmen eine wichtige Rolle? Begründen Sie Ihre Einschätzung.	☐	☐

	5.6 Messen/ Medien	ja	nein
1	Ist Ihr Unternehmen auf Messen vertreten? Wenn ja, auf welchen und in welcher Form?	☐	☐
2	Nutzen Sie Fachtagungen, Kongresse, Netzwerke, um Ihr Unternehmen zu präsentieren? Wenn ja, welche und in welcher Form?	☐	☐
3	Überprüfen Sie den Erfolgsbeitrag dieser Maßnahmen? Wenn ja, wie und wie hoch stufen Sie ihn ein?	☐	☐
4	Treten Sie über Medien (Print, Online, Radio/TV) mit Ihren Kunden in Kontakt? Wenn ja, was sind die wichtigsten Wege?	☐	☐
5	Spielen Messen/ Medien für Ihr Unternehmen eine wichtige Rolle? Begründen Sie Ihre Einschätzung.	☐	☐

5.3 Häufige Fragen

Was kostet mich die Teilnahme, genauer gesagt die Nominierung zum „Großen Preis des Mittelstandes"?

Keinen Euro. Die Nominierung zum Wettbewerb „Großer Preis des Mittelstandes" ist kostenfrei.

Wie kann ich mich anmelden?

Gar nicht. Sie können sich nicht selbst anmelden, Ihr Unternehmen muss durch einen Dritten, der Ihr Unternehmen prinzipiell als preisfähig und -würdig einstuft, nominiert werden.

Wie lange dauert das Ausfüllen der Unterlagen?

Etwas länger. Das Ausfüllen der Unterlagen ist einerseits zeitlich etwas aufwendig, andererseits ein wertvoller Spiegel zur Reflexion. Rechnen Sie ungefähr mit ein bis drei Manntagen, um die Unterlagen sorgfältig und vollständig auszufüllen.

Kann jedes Unternehmen nominiert werden?

Nein. Die Soll-Kriterien für die Nominierung lauten: mindestens drei Jahre am Markt, über eine Mio. EUR Jahresumsatz, über 10 Mitarbeiter, kein Insolvenzverfahren und frei von kommunaler oder staatlicher Beteiligung.

Wann erfahre ich, ob ich gewonnen habe?

Nach und nach. Inwieweit Ihre Nominierung von Erfolg gekrönt ist, erfahren Sie in drei Stufen:

→ Stufe 1: nach der Nominierung auf dem Portal; Benachrichtigung erfolgt per E-Mail.
→ Stufe 2: nach dem vollständigen Ausfüllen und Einreichen der Unterlagen und der Prüfung durch die Jury; Benachrichtigung erfolgt per Post.

→ Stufe 3: sofern Sie noch kein Preisträger sind, auf dem Ball in Ihrer Region. Für weitere Preise, Ehren- und Sonderpreise auf dem Ball in Berlin. Am Tag nach dem Ball sehen Sie auf dem Portal *www.mittelstandspreis.com* die am Vortag geehrten Preisträger.

Muss ich auf den Ball?
Im Prinzip schon. Denn wenn Sie die Chance, persönlich geehrt zu werden, nicht verpassen wollen, ist die Teilnahme an einem Ball zu empfehlen. Die Karte für diese Gala-Veranstaltung inkl. Aufführungen, Tanzband, Menü, Tombola, Mitternachtsüberraschung kostet ca. EUR 140 zzgl. MwSt.

Das heißt, es kann passieren, dass ich auf den Ball gehe und werde nicht geehrt?
Ja. Den meisten Gästen geht es so. Doch der Ball alleine ist ein Erlebnis. Darüber hinaus lernen Sie interessante Gesprächspartner kennen, tauschen Visitenkarten aus und legen wertvolle Grundsteine für weitere Kooperationen und Geschäftsbeziehungen. Der Ball ist die Türe zum Netzwerk der Besten. Ihre Nominierung und das Erreichen der Jurystufe sind der Schlüssel, der diese Türe öffnet. – Es wäre daher sehr ungeschickt, diese Chance, mit dem Netzwerk der Besten persönlich in Kontakt zu treten, vorbeiziehen zu lassen und nicht zu nutzen.

Daher ist es auch zweitrangig, ob Sie an diesem Abend, vielleicht bei Ihrer ersten Nominierung, schon ausgezeichnet werden. Viel wichtiger ist, dass Sie ab jetzt dazugehören. Doch erst, wer das Erlebnis dieses Balls kennt, wird den vorherigen Zeilen angemessen Glauben schenken. – Bis dahin müssen Sie dem Autor einfach ein Stück weit vertrauen.

Gibt es einen Weg, das Ergebnis vorher zu erfahren?
Nein. Definitiv nein.

Wie ist jetzt nochmal das Timing?
Ende Januar und Mitte April gibt es eine Deadline. Die Nominierungsphase dauert bis Ende Januar. In dieser Zeit reicht es, wenn die Anschrift Ihres Unternehmens vorliegt. Danach haben Sie bis Mitte April Zeit, Ihre Unterlagen auszufüllen.

Bis Ende Juni erhalten Sie, so die Jury Ihre Unterlagen für preis-würdig empfunden hat, die Nachricht, dass Sie die Jurystufe erreicht haben. Das ist der Kreis an Unternehmen, aus denen die späteren „Finalisten" und „Preisträger" ermittelt werden. Ab September finden dann die Bälle statt.

Wer steckt hinter dem Wettbewerb „Großer Preis des Mittelstandes?
Die Oskar-Patzelt-Stiftung. Das ist eine private Stiftung, die von den Vorständen Petra Tröger und Dr. Helfried Schmidt geleitet wird. Beide Vorstände wurden für ihr Bemühen um die Förderung des deutschen Mittelstandes mit dem Bundesverdienstkreuz ausgezeichnet.

Wer sieht meine Daten?
Nur die Jury. Die Daten sind auf verschiedenen Servern verteilt. Ein externer IT-Beauftragter wacht über deren Sicherheit. Das System selbst fand auch Eingang in die erfolgreiche Prüfung nach DIN EN ISO 9001:2008.

Muss ich mich jedes Jahr aufs Neue nominieren lassen?
Ja. Ihre Daten bleiben aber erhalten und Sie müssen sie nur noch ergänzen oder aktualisieren.

5.4 Glossar

Auszeichnungsgala
Die Preisverleihungen mit anschließendem festlichem Ball finden jährlich in Dresden, Würzburg, Düsseldorf und Berlin statt.

Auszeichnungsliste
Auf dieser Liste befinden sich alle ausgezeichneten Unternehmen, Banken, Kommunen und Personen.

Ballzeitung
Neben den Informationen zum Ballablauf, der Menüfolge und den Sponsoren sind alle Ballteilnehmer mit Tischnummer aufgelistet. Möglichkeit, für sich zu werben.

Bank des Jahres
Preis für herausragende Leistungen eines Kreditinstituts bei Aufbau und Pflege gesunder mittelständischer Wirtschaftsstrukturen.

Bundesball
Auszeichnungsgala und Ball in Berlin mit Vergabe der Sonderpreise.

Ehrenplakette
Für die drei Preisträger des Jahres, die die Jury am nachhaltigsten beeindruckt haben und für bemerkenswerte Unternehmensentwicklungen von Preisträgern der Vorjahre.

Finalist
Preis für die fünf Unternehmen jeder Wettbewerbsregion, die fast ebenso gute Bewertungen erhielten wie die Preisträger.

Frühjahrstagung
Jährliche Strategietagung der Oskar-Patzelt-Stiftung, die neben interessanten Vorträgen, Powertalks und Workshops Gelegenheit zum Netzwerken bietet.

Großer Preis des Mittelstandes
Preis für die drei Unternehmen je Wettbewerbsregion, die die fünf Wettbewerbskriterien am deutlichsten erfüllten.

Jury
Die Jury besteht aus ca. 100 Personen, die sich regional auf die zwölf Wettbewerbsregionen aufteilen.

Juryliste
Auf dieser Liste befinden sich alle Unternehmen, die in den fünf Wettbewerbskriterien etwas vorzuweisen haben. Aus dieser Liste werden die Preisträger ermittelt.

Kommune des Jahres
Preis für herausragende Leistungen einer Person/ Institution bei Aufbau und Pflege gesunder mittelständischer Wirtschaftsstrukturen.

Kompetenznetz Mittelstand
Unter *www.kompetenznetz-mittelstand.de* haben sich bereits mehr als 35.000 Unternehmen und Institutionen vernetzt. Es ist sowohl Kommunikationsnetz als auch das Portal des Wettbewerbs.

Netzwerk der Besten
Kreis der Nominierten und Preisträger des Wettbewerbs „Großer Preis des Mittelstandes".

Nominierungsliste
Auf dieser Liste sind alle nominierten Unternehmen verzeichnet.

Nominierungsphase
Von November bis Januar können Unternehmen in das Online-Portal des Wettbewerbs, das „Kompetenznetz Mittelstand", eingetragen werden und sind somit nominiert.

OPS-Netzwerk GmbH
Die Servicegesellschaft der Oskar-Patzelt-Stiftung.

Oskar-Patzelt-Stiftung
Eine Initiative, die sich für den Mittelstand engagiert. Sie ist ehrenamtlich organisiert und privat finanziert. Die Stiftung ist seit 1994 Träger des Wettbewerbs „Großer Preis des Mittelstandes".

Preisträgertreffen
Bereits am Nachmittag des Bundesballs in Berlin treffen sich die Preisträger der Vorjahre zum Netzwerken.

Premier
Die höchste Auszeichnung für einen Preisträger, dessen Auszeichnung mindestens zwei Jahre zurückliegt und der sich seitdem bedeutend weiterentwickelt hat.

Premier-Bank
Ehrung eines bereits in Vorjahren als „Bank des Jahres" ausgezeichneten Kreditinstituts.

Premier-Ehrenplakette
Für besonders überzeugende Entwicklungen von Unternehmen, die bereits „Premier" sind.

Premier-Kommune
Ehrung einer bereits in Vorjahren als „Kommune des Jahres" ausgezeichneten Person/ Institution der Kommunalpolitik.

Premier-Finalist
Preisträger, dessen Auszeichnung mindestens zwei Jahre zurückliegt und der sich seitdem bedeutend weiterentwickelt hat.

PT-Magazin
Offizielles Magazin des Wettbewerbs „Großer Preis des Mittelstandes" mit Beiträgen aus der Wirtschaft und über den Wettbewerb.

Rating-ABC
Als einheitliche Bewertungsgrundlage nutzt die Jury eine ABC-Einteilung mit „+A" „A" „A-" „+B" „B" „B-" „C".

Servicestellen
Ca. 50 regionale Partner, die als Ansprechpartner vor Ort fungieren und den Unternehmen bei Fragen sowie dem Ausfüllen der Unterlagen behilflich sind und regionale Veranstaltungen koordinieren.

Sonderpreise
Auszeichnung für Personen/ Institutionen, die für bestechend positive Beispiele der Mittelstandsförderung stehen.

Stifterliste
Unternehmen, die den Zweck der Oskar-Patzelt-Stiftung mit einer Spende unterstützen, sind unter www.mittelstandspreis.com auf dieser Liste verzeichnet.

Wettbewerbskriterien
Es gibt fünf Kriterien: Gesamtentwicklung, Ausbildung/ Arbeitsplätze, Innovation/ Modernisierung, Engagement in der Region, Marketing/ Service.

Wettbewerbsregionen
Die zwölf Wettbewerbsregionen entsprechen weitgehend den Bundesländern.

Wirtschaftsforum
Strategietagung der Oskar-Patzelt-Stiftung, die neben interessanten Vorträgen und Workshops Gelegenheit zum Netzwerken bietet.

Ein Unternehmen ist kein Zustand, sondern ein Prozess.
Ludwig Bölkow

5.5 Wichtige Websites

www.mittelstandspreis.com

Auf dieser Website finden Sie nahezu alle Informationen rund um den Wettbewerb „Großer Preis des Mittelstandes". Viele Hintergrundinformationen, Hinweise zu aktuellen Veranstaltungen, die Downloadmöglichkeiten von Logos und Fotos, die Auszeichnungsliste und vor allem viele Bilder, die die Menschen vor und hinter den Kulissen zeigen.

www.kompetenznetz-mittelstand.de

Über dieses Portal erfolgt Ihre Nominierung und hier bearbeiten Sie online Ihre Unterlagen. Und so ganz nebenbei können Sie auf dem Portal auch nach anderen Unternehmen suchen. Schließlich sind hier über 35.000 Mittelständler gespeichert.

www.facebook.com/mittelstandspreis

Die Facebook-Präsenz wartet mit News, Hinweisen zu bevorstehenden Veranstaltungen und typischen Highlights aus Regionen und Unternehmen auf.

www.pt-magazin.de

Das PT-Magazin ist das offizielle Magazin des Wettbewerbs. Die Online-Ausgabe dieses Magazins informiert tagesaktuell über News aus der Wirtschaft, interessante Blogbeiträge und wichtige Termine.

www.facebook.com/ptmagazin

Die Facebook-Präsenz verdichtet besonders interessante Themen und Veranstaltungen in einer für dieses Medium passenden Form.

www.twitter.com/PT_Magazin

Wer das Gras im Umfeld des Wettbewerbs „Großer Preis des Mittelstandes" wachsen hören möchte, für den ist das Gezwitschere ein Must Have.

Man muss oft etwas Tolles unternehmen, um nur wieder eine Zeitlang leben zu können.
Johann Wolfgang von Goethe

Über den Autor

Über den Autor

Christian Kalkbrenner, Dipl. Kfm. (univ.) gründete 1992 die KALKBRENNER-Unternehmensberatung.

In den Anfangsjahren restrukturierte er Unternehmen und verhalf ihnen mit schlagkräftigen Marktkonzepten zu neuen Erfolgen. Seit 20 Jahren arbeitet er als Strategieberater, ist Autor mehrerer Fachbücher und Redner.

Seine Erfahrungen aus zahlreichen Vertriebs- und Marketingprojekten führten zur Entstehung des Bambus-Codes®, eines Ansatzes zur Strategieentwicklung für mehr Kunden und mehr Nachfrage. 2010 gelang es ihm, mit Hilfe des Bambus-Codes® den Bauplan der Wachstums-Champions zu entschlüsseln. Für diese bahnbrechenden Erkenntnisse wurde das Buch „Die Wachstums-Champions" von der Oskar-Patzelt-Stiftung als „Mittelstands-Buch 2010" prämiert.

Mit dem Prädikat „Autorisierter Unternehmensberater der Oskar-Patzelt-Stiftung" schenkt ihm die Stiftung ihr Vertrauen: Sie qualifiziert ihn als Gesprächspartner auf Augenhöhe mit den Unternehmern aus dem Netzwerk der Besten und zugleich als Berater für eine nachhaltig erfolgreiche Unternehmensführung im Sinne des Wettbewerbs „Großer Preis des Mittelstandes".

Christian Kalkbrenner lebt mit seiner Familie in Lindau am Bodensee und arbeitet für Kunden in Deutschland, Österreich, der Schweiz und Südtirol.

In eigener Sache

An dieser Stelle möchte ich Ihnen danken, dass Sie mein Buch – ich hoffe mit Freude – gelesen haben.

Schon lange liegt es Petra Tröger und Dr. Helfried Schmidt, den Vorständen der Oskar-Patzelt-Stiftung, am Herzen, Unternehmen die Chance zu geben, nicht nur für den Großen Preis des Mittelstandes nominiert und ausgezeichnet zu werden, sondern über die Wettbewerbskriterien Unternehmen zu helfen, sich in der Unternehmensperformance weiter zu qualifizieren. Nicht zuletzt treten Unternehmer selbst immer wieder mit diesem Wunsch an die Vorstände heran.

Aus Compliance-Gründen kann dieses Angebot jedoch nicht aus der Stiftung heraus entwickelt werden. Und so entschloss ich mich, da ich seit 2010 mit der Stiftung eng verbunden bin, diese Leistung außerhalb der Stiftung zu bündeln und anzubieten. In Kooperation mit der Stiftung, aber unter eigenem Namen und mit eigener Gesellschaft.

Qualifizierung und Preisvergabe stehen daher in keinem Zusammenhang. Sie werden unabhängig voneinander von zwei unterschiedlichen Einrichtungen durchgeführt: der Wettbewerb „Großer Preis des Mittelstandes" von der OPS-Netzwerk GmbH in Leipzig und die Qualifizierung „Unternehmenssiegel Wirtschaftsmagnet" von der Wirtschaftsmagnet GmbH in Lindau am Bodensee. – Die nächste Seite informiert Sie näher.

Die Kontaktdaten
KALKBRENNER Strategie-Supervision
ck@ub-kalkbrenner.de | www.ub-kalkbrenner.de
Christian Kalkbrenner – Dipl.-Kfm. (univ.)

Wirtschaftsmagnet – Das Siegel der stärksten Unternehmen

Sagt mehr als 1.000 Worte

Der Große Preis des Mittelstandes analysiert Ihr Unternehmen. Das Siegel Wirtschaftsmagnet geht noch einen Schritt weiter. Es zeigt Ihnen und Ihrem Team im Rahmen einer Zertifizierung die Bereiche auf, in denen Sie noch besser werden können. Der Wirtschaftsmagnet-Experte entwickelt dann mit Ihnen die passenden Maßnahmen hierzu. Und mit Beginn der Umsetzung wird Ihr Unternehmen mit dem Siegel Wirtschaftsmagnet geehrt.

Dieses Siegel zeichnet Ihr Unternehmen für seine ganzheitliche und anhaltend erfolgreiche Unternehmensführung aus. Es gibt den besonders starken Unternehmen ein Zertifikat, das nur schwer zu erreichen ist. Denn die Unternehmen müssen Erfolge in sieben Bereichen aufweisen, die sich an den fünf Kategorien des Wettbewerbes „Großer Preis des Mittelstandes" orientieren. Diese Unternehmen erzielen Sogwirkung und dokumentieren diese mit dem Siegel.

→ Jetzt bewerben auf **www.wirtschaftsmagnet.de**

„Dieses Siegel unterstützt unser Wirken auf ideale Weise. Es fördert das Stakeholder-Value-Handeln und qualifiziert die stärksten Unternehmen." – Dr. Helfried Schmidt

„Hier können sich Unternehmen gezielt und systematisch mit den Kriterien des Wettbewerbs „Großer Preis des Mittelstandes" weiterentwickeln." – Petra Tröger

Weitere Bücher des Autors

BAMBUS-CODE 4.0
Erfolgreiche Wachstumsstrategien
für den digitalen Wandel

212 Seiten, Norderstedt 2018

SCALE UP!
Smarte Konzepte für agile Unternehmen

224 Seiten, Göttingen 2017.

Der Markt hat uns verdient
Mit dem Bambus-Code® zu neuen Kunden
und mehr Nachfrage

„Das Navi für den Weg zur Spitze"
Anne M. Schüller – Bestsellerautorin
240 Seiten, Göttingen 2012.

Gewinnbringende Kooperationen
Was Unternehmenslenker von
Eric Clapton lernen können

E-Book, 60 Seiten, London 2011.

Die Wachstums-Champions
Besser als die Konkurrenz

Prämiert als Mittelstandsbuch 2010.
240 Seiten, Göttingen 2010.

Weiterführende Literatur

- Alter, Roland; Kalkbrenner, Christian: Die Wachstums-Champions. Besser als die Konkurrenz. Göttingen 2010.
- Alter, Roland: Strategisches Controlling. Unterstützung des strategischen Managements. München 2011.
- Alter, Roland: Cashflow-Management. Stuttgart 2016.
- Bachinger, Monika (Hrsg.): Regionen und Netzwerke: Kooperationsmodelle zur branchenübergreifenden Kompetenzentwicklung. Wiesbaden 2011.
- Bruch, Heike; Krummaker, Stefan; Vogel, Bernd (Hrsg.): Leadership-Best Practices und Trends. 2. Auflage. Wiesbaden 2012.
- Kalkbrenner Christian; Der Bambus-Code 4.0. Erfolgreiche Wachstumsstrategien für den digitalen Wandel. Norderstedt 2018.
- Kalkbrenner Christian; Gewinnbringende Kooperationen. Was Unternehmenslenker von Eric Clapton lernen können. E-Book. London 2011.
- Kalkbrenner, Christian: Der Markt hat uns verdient. Mit dem Bambus-Code zu neuen Kunden und mehr Nachfrage. Göttingen 2012.
- Kaplan, Robert S.; Norton, David P.: Die strategiefokussierte Organisation. Führen mit der Balanced Scorecard. Stuttgart 2011.
- Offensive Mittelstand (Hrsg.): Unternehmensführung für den Mittelstand. Stuttgart 2012.
- Oskar-Patzelt-Stiftung (Hrsg.): Großer Preis des Mittelstandes 25. Jahr – 2019. Leipzig 2018.
- Porter Michael: Wettbewerbsstrategie: Methoden zur Analyse von Branchen und Konkurrenten. Frankfurt 2008.

Das Siegel Wirtschaftsmagnet

sagt mehr als 1.000 Worte

Unternehmen mit diesem Siegel stehen für eine ganzheitliche und anhaltend erfolgreiche Unternehmensführung.

Das Siegel der stärksten Unternehmen.

Jetzt bewerben auf:

www.wirtschaftsmagnet.de

Ihre Notizen